严文华 著

透过心理图画看中学生

华东师范大学出版社

目　录

序

蒋勋说过，在中国和世界文学宝库里，很少有描绘青春期少男少女的小说，而《红楼梦》是为数不多的描绘青春王国的小说。即使是这样一部小说，也常被人误解为是描述成人的小说，所以在戏剧舞台和电影中都是用成人和成人的方式演出的，而实际上，《红楼梦》中贾宝玉和林黛玉的年龄不过十三四岁和十一二岁，正是当代人上初中的年龄。

这种与青少年相关文学作品偏少以及青少年被误解为"成人"的现象并不是偶然的，因为在成人的眼睛里，很少能真正"看见"青少年，他们看见的，要么是更小的儿童，要么是被成人化的青年。青少年，也就是中学生所在的这个年龄群体，经常是不被看见的，不论是在思维方式上还是在行为方式上。

有一种方式能让青少年直观地"被看见"，那就是通过青少年自己画的图画。

荣格曾指出，艺术作品"用意义丰富的语言大声告诉我们，他们想表达的意义，远比他们已经说出来的更多，我们能立刻认出象征，但我们可能还无法令自己完全满意地解开它的意义。象征永远挑战着我们的思想和感情。这也许能够解释为什么一幅象征作品能那么令人兴奋，为什么那么强烈地吸引着我们，以及为什么它不单是带给我们审美的乐趣"。(Jung, 1969)

手更能画出一个人的内心。心不知道的答案，手知道。本书的主体就是由中学生及其家长的图画组成的。透过这些图画，读者可以看到，中学生眼睛里的世界是怎样的，他们如何看待与父母的关系，父母如何看待与孩子的关系。本书通过对图画的解读，力图还原中学生的内在世界。从某种意义上来说，书中的内容是中国中学生内在心理原生态的呈现。

本书内容分为两部分，第一部分是中学生自己的图画，大部分图画来自于我与《科学 Fans》和《高考金刊》两本杂志社的合作，杂志会提前刊登出我给定的主题，读者们自愿投稿以及编辑邀请作画，编辑会把收到的画稿交给我，由我来进行解读，其中大部分图画和解读都已在杂志上发表过。

这部分一共包含了 21 个图画主题、112 幅图画。这些主题是根据中学生的特点设计出来的，同时也是非常有意义的心理学议题。针对每个主题，我先会给出心理学的解释，再呈现学生们的图画，方便读者先有总体的概念，再看到具体的图画。如果你是心理咨询师、中学心理教师或是面向中学生的心理健康教育工作者，你可以参考本书当中提到的主题，根据你的目标，为孩子们设计活动。如果你是家长，你可以透过这些图画，更多地了解和你的孩子同龄的那些中学生的内在世界是怎样的。

第二部分是中学生和他们家长共同画的图画，包括3次工作坊过程中的67幅图画。3次图画的主题分别是："画出自己和父母/孩子"、"家庭动态图"及"家人在一起做事"。书中所使用的图画得到了参与者的书面知情同意。这些图画真实地记录了家长和孩子眼中的世界分别是怎样的。

在这一部分，我详细介绍了活动的背景、设计思路和实施过程，并且展现了具体的图画及解读。如果有对类似群体做活动的心理学工作者，可以参考书中的操作，根据具体目标设计活动。图画非常真实，如果对比第一次活动和第三次活动当中的图画，我们可以看到，参与者内在发生了变化，而这仅仅是3次干预，可以看到，图画治疗的力量是非常大的。

在这里，我有一个提醒，这本书里面的有些主题，还是会启动作画者的创伤体验，或者是重大的丧失感受，所以活动的带领者在运用这些主题设计活动的时候要进行充分的评估，在活动的现场，如果作画者被激发起负面的感受和反应，带领者也要有足够的能力做处理。

除了传统的用眼睛阅读这本书，我还想邀请你通过自己的"手"来阅读这本书。你可以先准备空白的A4白纸、铅笔、橡皮，如果你愿意涂颜色的话，还可以准备水彩笔或油画棒。然后浏览目录页，挑选出你特别感兴趣的2—3个主题，翻到那个主题看一下我给出的指导语是什么。注意：你只需要阅读指导语部分，而不需要看我是如何做解读和分析的。根据指导语，你创作出自己的作品，并在图画的背面，写上自己的感受和联想。你可以把这些作品留着，等阅读到那个主题的时候，你再根据书中的文字和你自己当时写下的文字，对你的图画进行解读。这种体验式的阅读，会让你有更多的自我成长。

我的研究生张萌同学帮助做了本书前期的排版和整理工作。感谢她的帮助,让179幅图画和文字都在正确的位置上。

诚挚邀请你透过这些心理图画,看进中学生的心里面。

严文华

2018.11

引　言

中学生图画的心理特点

在图画心理方面，中学生及其图画有以下特点：

一是中学生的图画进入注重写实阶段。按照 Lowenfeld 和 Brittain(1987)的艺术发展阶段理论，个体会经历涂鸦阶段(scribbling stage)、前图式阶段(preschematic stage)、图式阶段(schematic stage)、党群—写实萌芽阶段(gang age-drawing realism)和决定阶段。经过长时间的涂鸦阶段、前图式阶段、图式阶段和党群—写实萌芽阶段，中学生的图画进入了拟似写实阶段，作品更接近实物，强调像和不像。图画创作过程也由无意识地自由表达，转到有意识、有控制地表达自己。他们尝试追求真实性，把忠实于自然、再现自然作为图画的最高标准，经常会把像或不像作为评价图画作品的准则。

二是中学生的注意力从关注创作过程逐渐转移到关注图画作品上。此前，儿童会专心致志地画画，画的过程比画什么更重要。即使完全没有美术基础的孩子，也有可能喜欢画画，不论画得多么糟糕，孩子都有可能和别人津津乐道地分享自己的图画，因为画画的过程让其特别满足，画画的过程是其无意识得到满足的过程。但随着青少年审美能力的提高，以及对环境和自我批判能力的发展，他们对自己的作品会有批判性，会忽略自己创作的过程，而用画得是否像、是否达到自己的标准来评判自己的图画，有时也会不太愿意与他人分享自己的图画。

三是更为直白，表达更直接，掩饰性更少，也会更深刻，因为直接、防御更少，有时甚至会入木三分。如图 1.87，是位女中学生画的，她直接说自己想穿越成为秦始皇。如果是成人画这样的图画，就会有很多的犹豫，也会有很多的预判，担心自己画出来之后和社会主流评判标准不吻合，而且自己是女的，穿越成一个男的是不是不好？会担心别人是否会产生不好的看法，但中学生不太会顾及这些；如图 1.11，作者用蝎子代表自己，表达出自己是一个孤单但有力量攻击和防御的女生，而且给蝎子设定的生活环境是在沙漠中。如果换一种动物和故事设定，那种深刻的孤独和环境的险恶就会被淡化。

四是想象力更加丰富，富有意蕴，空间思维和抽象思考能力将帮助他们传神地表达出想象中的画面。中学生的想象力天马行空、精骛八极、心游万仞，虽然不是有意识地思接千载、观古今于须臾，但由于受到的束缚较成人少，再加上空间思维和抽象思考能力也趋近于成人，所以可以跨越时间和空间的限制，在一方小小的图画中展现过去、现在和未来的联结，此地和彼地的联结。如图 1.90，画的是对学校的感受，作画者把自己的愤怒、不满和担忧画了出来："这就是不久后的未来学校的实景，只有学生傀儡和学习用品。"这还不是现实，作画者把它设定为未来。学生不仅是被线吊着、完全被动、没有思想，而且没有生命力，面目恐怖，很像骷髅。这种极具视觉冲击力的作品体现了中学生的想象力和思想性。

五是有天真幼稚和不成熟的部分。中学生处于从童年到青年转变的时期，既有青年的朝气蓬勃，又带有童年的天真烂漫，所以在他们身上也会体现出成熟与不成熟并存的矛盾性。如图 1.45，作画者对自己的图画有一段描述："我成为死神之后，会把生人带向死界。生人是指我所厌恶的人。我会跟死神一样去杀人，但我同时还会救人。死神过着没有幸福、没有挫折、没有苦难的生活。我不想改写这种命运，我愿意享受世俗权力。"从画面中可以看出他用笔的老练，从文字描述当中，可以看出他对权力的渴望，这些是很像成人的部分。但他对死神的理想化，认为死神过着没有幸福、没有挫折、没有苦难的生活，同时他还把人分成自己厌恶的人和不厌恶的人，也就是我们俗称的好人和坏人，这些又体现了他不成熟的一面。

六是中学生倾向于夸张或者省略艺术作品当中最有意义的部分，其作品能够反映出作画者内在的世界。由于这种夸张或省略，中学生的图画有时候对比更强烈、冲突更剧烈，入木三分，视觉上十分具有冲击力。在画人物的时候，中学生有可能倾向于画出夸张的性别特征，女生的图画可能会突出胸部、细腰、苗条的身形，而男生的图画可能会突出肌肉、宽肩和强壮的身形，这表现出中学生对自己身体发育情况的不安、焦虑和期待。

七是绘画技能的自然发展在青少年时期就趋于停止，图画作品的个性化在这个时期会更加明显。个体画画的能力有一个自然发展的过程,从完全随意的涂鸦,到能够有控制地、自主地画出线条, 直到空间概念建立,开始用写实的方式描画,能够自觉地用色彩表达自己。而到青少年时期,绘画技能的自然发展趋于停止,在迈向成熟的过程当中,个性化的差异就表现得更加突出。在此过程当中,社会文化、绘画训练、个人经历和天赋等会起作用。Feldman(1980)曾补充 Piaget 的儿童认知发展理论,提出了五个层面的发展框架: 1. 世界性的,即所有的人类均可达到的。2. 文化性的,即在某一特定文化里的所有人都可以达到的。3. 有训练基础的,即只有在某一特定文化里的少部分人经过训练可以达到的。4. 特异的,即在某一特定文化里的极少数人可达到的。5. 独特的,只有个别人可以达到的。有一点非常重要: 没有经过专业的美术训练,并不等于创作者没有艺术性。

八是图画作品的类型从童年期偏重触觉型发展化分为视觉型(visual type)、触觉型(haptic type)和未定型(indefinite type)三种,或者已经有端倪。Lowenfeld(1939)提出,根据个体对外在环境不同知觉组织方法和内化的模式,图画作品可以分为三种类型: 视觉型、触觉型和未定型。从图画作品中可以看出作者的类型。视觉型作者喜爱视觉刺激,关注光线照射下所产生的色彩变化和阴影。通过观察认识和熟悉环境,是一个观察者,通过眼睛描画自然。对于视觉型的人来说,物体的外表非常重要,他们是通过物体的外表去认知物体的,他们通常都是先看到物体的整体,然后才会注意到细节。他们会关注物体的外形是怎样受到光影、颜色、空气和距离的影响的。他们力图让自己的画面符合透视的原理,符合大自然当中光影的变化,追求图画与实物越像越好。

触觉型作者专注于自己的主观经验,对外在世界的感觉、对自己身体的感觉。触觉型的个体是一个参与者,在图画当中会表达自己的主观体验和情感。他们依赖肌肉的感觉和运动的经验,运用触觉、嗅觉、味觉、皮肤觉、动觉和平衡觉等感觉物体,感觉物体的质感、肌理、温度、大小和形状等。在其作品当中,作画者往往也成为画面的一部分。作画者的感受决定了线条、颜色和构图。能精准地表达一个人感受的图画才是好图画。触觉型的作画者也会采用透视的原理来画画，但他们的透视更多是符合自己内在的感受，而不是现实当中客观的透视成像。

而未定型者则处于两种类型当中，没有明确的倾向性。他们在画画的时候缺乏明确的导向性，图画作品有拘束感。与即兴创作相比，他们更愿意临摹或模仿别人的画。

在世界艺术品瑰宝当中，我们也可以看到这两种类型的艺术品，比如米开朗基罗的雕像《大卫》、莫奈的《睡莲》、达芬奇的《蒙娜丽莎》等，都属于典型的视觉型，注重写实和逼真，注重光与影的关系，而蒙克的《呐喊》、梵高的《向日葵》、毕加索的《格尔尼卡》、康定斯基的《秋》等，属于典型的触觉型，注重表达自己内在的感受。这两种类型没有高下之分，只是认识这个世界的方式不同。

莫奈《睡莲》

梵高《向日葵》

康定斯基《秋》

蒙克《呐喊》

在远古时代，原始人更多用触觉型的图画作品来表达自己，这些作品更朴素、更注重内心的意象，更倾向于描绘自己所感知到的事物的本质。正如个体的成长就是人类演变的缩影一样，儿童最初的图画也是以触觉型为主，具有天真和拙朴的特点。

九是中学生已经开始有意识地用颜色表达自己内在的情绪感受。视觉型的中学生已经发现：周围的事物并不具有固定的色彩，其颜色会因为光线的变化、所处的位置和季节等有所不同。在他们的作品当中，他们会呈现自己对于光影的感知。触觉型的中学生可能在观察光影变化方面并没有这么敏锐，但他们的作品当中会体现一点：周围事物的颜色似乎会因为他们的情绪变化而有差异。不论哪一种类型的中学生，都会有意识、有目的地用颜色表达自己的情绪。只不过对触觉型的中学生来说，颜色是表达自己情绪和感受的重要媒介，色彩的运用取决于自己主观的感受，有时与现实中的色彩并不相符。

十是中学生有能力用各种艺术媒材进行创作，所以可以利用多种媒材让其创作。从画材来看，可以用铅笔、水笔、勾线笔、油画棒、水彩笔、彩色铅笔、国画颜料、水粉颜料、水彩颜料和油画颜料等。从画纸来看，可以用不同大小的纸，从明信片大小的卡纸到 1 开的大纸，也可以用不同质感的纸，如素描纸、宣纸、水粉纸、水彩纸和画布等。

可以给学生提供各种粘贴的素材，如旧杂志、旧报纸和旧课本等，让其创作粘贴画。

可以给学生提供各种超轻黏土、陶土和橡皮泥等，让其完成立体的雕塑作品或浮雕作品。

可以给学生提供各种水果蔬菜和颜料，让其创作拓画。

可以给学生提供白色的面具，让学生在面具上创作作品。

可以给学生提供各种 DIY 的材料，如彩色折纸、纽扣、羽毛、亮片、毛绒球和彩色木棒等，让学生创作手工艺品。

此外还有非常丰富的作品形式，如剪纸、制作面具、彩绘蛋壳、改造旧书本和用废旧物品创作立体雕塑等。

同时，在电脑上或在平板电脑上面进行图画创作也是非常好的尝试，这也是中学生乐意接受的创作形式。

可以根据中学生以上的心理特点，有针对性地开展图画活动。

第一部分

多个主题图画中的中学生

图画治疗的基本特点

艺术是人类心灵最基本的安慰。艺术是人类各种情绪升华后的表现形式，哪怕是最邪恶的念头、最黑暗的想法，如果用艺术的形式表达出来，它就成为了人们可以观看的、欣赏的客体。艺术创作是人类与生俱来的本能，因为表达是人类最基本的需求之一。艺术创作是一种升华。

图画治疗的独特性

图画是非常重要的艺术类型，除了以上提及的特点之外，图画治疗还有自己的独特性。

图画技术的一个特点：不必打破或消除人们的防御，而是绕过防御，在当事人觉得安全和有防护的环境之下进行工作。这是图画治疗容纳性(containing)的体现。当事人个体的任何负面情绪都可以通过图画表达出来，包括敌意、挫折感、悲伤和被抛弃感，表达出来后不会被指责，更不会被社会所不允许，因为这种表达方式不伤害自己，也不伤害别人，而且画出来的图画还是审美对象。而那些积极情绪被画出来之后，不仅情绪本身会被强化，图画同样也会成为审美对象。图画提供给作画者一个合理的、安全的、自由的空间，一个不被评判的空间，一个可以表达自己的空间。

艺术治疗关注的是个人内在的经验而非最后的作品。艺术治疗的过程、方式、内容和联想非常重要，因为每一部分都反映出个体的人格发展、人格特点和潜意识(Wadeson, 1980)。

艺术作品是表达个人内在和外在体验的桥梁(Edwards, 1976; Irwin, 1984; Stewart, 1984)，通过图画或其他艺术作品，当事人能够释放自己的负面情绪、表达积极情绪，对已有的经验进行梳理和澄清。

图画治疗一个重要的特点是能够把无形转化为有形，把抽象的部分具象化。这是图画治疗外化(externalizing)的体现。把无形的情绪、感受、想法和体验转化为有线条、有构图、有色彩的图画时，当事人需要同时调动自己的左脑和右脑，既进行抽象思维，又进行形象思维，这个过程本身就蕴含着多种可能性：这可能是一个困难的、会卡住的过程，需要当事人去面对和处理，这个过程是有意义的；这可能是一个梳理自己思路的过程，过去模糊的、朦胧的部分变得清楚或清晰；这可能是一个转化的过程，在想象和创作的过程当中，最初的画面发生了变化，最终创作出来的是一幅全新的或不同的画面，而这种变化本身是有意义的；这可能是一个顿悟的过程，某一根线条、某一种色彩、构图或图画本身会触动当事人，让其产生联想，把图画与自己的过往经历或当下事件联系在一起，领悟到其中的某些信号或深意。

画画的过程是自发和自控的过程，由当事人自己来决定画什么、怎么画、画多久。当事人可能在生活中饱受无法作决定的折磨，对生活中的大事、小事都拖延作决定或逃避作决定，但在画画的过程中，当事人被赋予了完全的自主权，他不被强迫，也不被评判，而是可以作出自己的决定，每一根线条都是当事人自己的决定。当事人内在的能动性被充分调动，他可以在此过程中练习作决定、练习进行掌控，至少是对画画媒材的掌控。画画过程中当事人也是被充分尊重的，因为在整个过程中，他是不被评判的，他作画的过程和行为、他完成的作品，都不会被评判。图画创作能够强化生命的意义，彰显个体生存的价值。

图画作品是很好的客体。当图画作品还没有产生时，心象(mental image)是和当事人一体的。而创作图画作品的过程，其实就是当事人孕育和表达想法的过程。图画作品完成时，也是图画作品独立于当事人、成为一个客体的时刻。这个客体是由当事人创造出来的，当事人会有创作的自豪感，也有对它的理解，但它同时还可以被别人看到、被别人解读，它给了别人与作画者“分享同一个现实的机会”(Robins, 2006)。咨询师也可以从图画作品中解读出非常多的信息。当事人和图画之间有了一个清晰的边界。而图画本身会创造出一个空间，让当事人的想法、感受在这个空间里得到表达和容纳。图画作品在某种意义上就是人们的过渡客体，而画画本身就是过渡空间。

图画作品具有凝固性，能够跨越时空保存，所以具有反复被观看、被领悟的可能性。而心理剧、身体舞动、音乐治疗等则具有一过性，除非借助影像记录过程，否则其过程或结果不具有凝固性，无法被反复观看。因此，图画作品更好地体现了客体恒常性的特点。图画是用隐喻方式表达的作品，蕴含丰富的情感内容。图画不仅传递了作画者在当下的情绪感受，还包含了其生命空间的丰富内容，有过去、现在、未来，以及在时间轴上所延展开来的空间，这些丰富的含义可以在反复观看当中，一层一层地被揭示。另外，图画作品也具有可改变性，当事人完成图画一段时间后，随着内在的变化，当事人还可以对原先的图画作品进行修改，以表达和体现这种变化。

图画还有再组织（reorganization）功能（Robins, 2006）。在图画治疗当中，图画作品的功能从开始画画一直到作品呈现始终存在。画画的过程本身是作画者内在整合的过程，是当事人"寻找真正的内在表征和象征性符号，然后再赋予这些符号更丰富的、与现实生活更相符的美术形式"（Robins, 2006）。图画完成之后，图画成为一个可被反思的客体，当事人在观看、联想、解读图画的过程中，可以再次深化对自我的理解，从而重新协调或理顺自己内在的冲突。图画治疗的目标是促进当事人"更好地完成过去真实和现在真实之间知觉和情感的分化过程"（Robins, 2006），再组织的功能在其中起重要作用。

图画与媒材

每一种媒材都有自己的特点，作画者使用这些不同的媒材，所表达出来的内容会有不同侧重点。比如铅笔、水笔等更容易画出具体的形象，而且细腻的笔触也可以传递出细节的信息。而水粉、水彩等更容易传递情感方面的信息。进行图画治疗的时候，要根据目标和受众，选择合适的媒材。

如果一味追求媒材的新奇性，在活动当中过快地更换媒材，或者同一时间呈现了过多的媒材，会让没有受过美术训练的作画者产生挫折感。在设计活动时，媒材的选择和呈现一定要紧紧围绕活动的目标，渐进地、有序地呈现。不能单纯靠不断地更换媒材来引发作画者的创作兴趣。作画者需要熟悉每一种媒材的特性，在掌握了媒材使用的方法之后，才能够自如地创作、探索和表达。

在使用媒材的顺序上，通常是遵循先易后难、先固体后液体、先硬笔后软笔、先小后大等原则。先易后难，是指先使用更容易掌握的画笔和画材，比如说水彩笔和彩铅，熟练之后，再使用比较难的画材，如水粉、水彩和油画颜料。先固体后液体，是指先用油画棒、蜡笔、彩铅等固体形式的颜色，再用水粉、水彩和油画颜料等需要用水、用油的液体颜料。先硬笔后软笔，是指先用铅笔、钢笔、水笔等硬笔，再用水彩笔、水粉笔、油画笔等软笔。先小后大，是指画画的纸张，可能先从尺寸较小的纸张开始，比如从 32 开、8 开的纸张画起，再逐渐用到 4 开、1 开的纸。当然，纸张的大小也要根据目的来，需要画精细的图画时，就可能需要更小的纸张，而需要自由挥洒、表达情绪的图画时，就要用更大的纸张。

介绍完图画治疗的基本特点之后，下面将呈现中学生在 21 个主题上的 112 幅图画，以及对这些主题和图画的心理学解读。

第一篇　自然界

大自然当中的事物

“如果你有足够的自由，能够成为大自然万事万物当中的一种，你愿意成为哪一种事物？”对这个命题，你会画出怎样一幅图画？

壁炉的故事

一位14岁的初三女生通过图画作品（图1.1）传递出：“如果可以，我愿意成为一只壁炉。”

图1.1

她编写了这样一个故事：

这是一只在老房子里的壁炉。老房子有一两百年的历史了。这只壁炉在一楼的书房里，左边画的是书架。只有冬季才会使用。它最喜欢的三件事情是：一是有人住在这座房子里；二是有人经常燃起壁炉；三是有人坐在壁炉旁，并且经常说说话。如果壁炉也有一生的话，它是从房屋建好时就诞生了，历经了很多任主人。印象最深的是有个主人的小女儿，从小就喜欢在壁炉边玩耍，在壁炉不生火时，还会爬到壁炉里去玩，甚至试图钻进烟囱里，弄得一身灰，被妈妈说。后来她长大出嫁了，这家主人也跟着她搬走了。现任的主人是一位20岁左右的英国小伙，常在家里办公，所以经常坐在壁炉旁。有一只黑色、灰白纹的猫陪伴着他和壁炉。猫常常跳到壁炉上趴着取暖，壁炉很喜欢它趴在那儿，因为猫软乎乎、毛茸茸的，壁炉很喜欢这种感觉。

“壁炉最后的结局是什么?”我问。

“随着房子被拆迁，壁炉也被拆掉啦！可是……”

“可是什么?”

“可是我觉得在英国说拆迁这件事总有点奇怪。”

“那你给壁炉设计的结局是什么?”

“那就在二战中被炸掉了吧！”

“哦，是被外力毁坏的。”

“可是……”

“可是什么?”

“这个结局还是有点怪怪的。”

“那请你设计一个感到舒服的结局。”

“嗯……那就是这片地要有新的用途，所有东西都被拆掉盖新的建筑物了。”

“哦，了解了。能给这个壁炉起个名字吗?”

“起个名字?”她微皱着眉头。

“可能会有点难，但就像给人取名字一样，给它取一个名字。”

“亚瑟。”

“亚瑟,听上去是个男生的名字。你觉得壁炉像个男性是吗?”

“哦,这样啊!我还是取个女生的名字吧!她沉吟了一下说,“安西卡。”

“能告诉我,你从大自然的万事万物当中挑选了壁炉,希望自己能成为一只叫安西卡的壁炉,为什么你想成为这只壁炉?”

“因为它是安详而平和的。”

“安详、平和是你已经拥有的,还是没有拥有但希望自己拥有的?”

“有时会有,有时没有。”

对图画的心理分析

从图画的构图和线条来看,占据最大面积的颜色是红色,而且作画者创造了深红、浅红等层次感,可以感到作画者内心的温暖感。画面中心燃烧的木头、跳动的火焰增强了这种温暖感。这种温暖感体现在图画中,也一定在作画者的内心。

占画面面积最大的是墙壁,一块又一块的砖。作画者用了最多的时间在处理这些砖。从那些线条看,作画者似乎还借用了尺子一类的工具。和作画者先打草稿、再用笔描实的作画风格联系在一起考虑,可以看到作画者做事认真仔细、关注细节、追求完美。这种追求完美在整幅画中都有体现。如作画者画的书架,每一本书都会画出书脊。作画者画的地毯,地毯的边线被细细地画出。就连那只夹木柴的火钳,也被细致地画出。

作画者的这种关注细节、追求完美,在大多数情况下都会给她带来好处,因为作为初中生,不论是在学业上,还是在生活中,老师和父母都有这样的期望和要求。但是,事情的另外一面是影响她的效率和自我评价。她可能会比其他人花更多的时间去做同样的事情,或者花 80% 的时间在一些无关紧要的细节上,或者因为很细微的错误而对自己评价不高。对她来说,如果学会平衡效率和细节,会给自己更多的时间和空间。

作为一个 14 岁的女孩,希望成为一个拥有两百年历史的壁炉,从这个愿望中可以看到她有着比同龄人更成熟的一种心态,甚至带着一种沧桑感。这可能和她自身的阅历比较丰富、比较愿意思索人生有关。这有可能会沉淀为她的气质，但也有可能会让她与同龄人相处时有些隔阂，因为很多青少年不具备也不理解这种历史感。

壁炉的愿望就是作画者的愿望。壁炉拥有的安详而平和，就是她想要的。而且壁炉可以一直很舒适地待在那儿，和她目前忙碌的毕业前夕的生活形成鲜明对比。从这个意义上，反映出她目前感受到的压力比较大。

另外，壁炉作为房屋的一个部分，它更多的是安静地待在那儿，见证着房屋主人们的生活和变迁，这反映出作画者的一种世界观：观察世界比参与其中更有意思。这个定位将来会影响到她对专业的选择、职业的选择，甚至会影响到她自己组建的家庭。

最后，从她对壁炉结局的安排、取名的过程中，可以看出她有些犹豫不决，在多种可能性之间拿不定主意，这其实代表她仍然在发展自己，未来有无限可能性。而且，她未来发展的空间非常大，她的空间是整个世界。

壁炉也有多重含义，除了前面提到的部分，它还可以象征着子宫，代表着作画者渴望与母亲在一起的原初的联结和幸福。这几乎是所有人都渴望回到的胎儿状态，与母亲合而为一，温暖而被保护。

小小壁炉，没有耀眼光环，不是房屋最核心的部分，却在悠长岁月中见证着无数人的生活，给人们提供着温暖和憩息之所。用这个事物来比喻自己的中学生，是一个细心的、充满温暖的、有着完美倾向的女孩，她渴望安详与平和，不愿成为别人聚焦的中心，但愿意观察世界，具有丰富的阅历，未来发展空间大。

蔷薇花

蔷薇花是大自然中一种美丽的花儿，在西方文化中，它代表着爱情、友情和浪漫，自古就是佳花名卉，而且在广袤的大地上随处可以看到它的身影。

在心理学中，蔷薇花可以有多种含义：一是代表着对自我形象的认知和评价，从花形、颜色、形状和大小，可以看出作画者对自我的评价。二是代表着对内在女性意识的认知，这一部分的认知会决定人们如何运用自己内在的女性意识力量，主要包括活力、创造力、柔性和仁慈等，有时它也反映出在现实中人们如何看待和对待异性。三是表达了作画者的情绪状态，借助植物，尤其是花朵，作画者可以自由地表达其最主要和最基本的情绪状态。四是象征了作画者的生命力和生命能量，如生命力是否旺盛，生命能量是否通畅等。

作画的主题是："请想象自己走在寻找蔷薇花的旅途中。不知走了多久，你终于找到了蔷薇花，你变成了蔷薇花。想象下你变成的这朵蔷薇花是怎样的？"

成为哪一朵蔷薇？

图1.2的作画者是一名女生。她画了森林及森林中的小路。主角蔷薇在路边，有两朵，一朵粉色，一朵蓝色。周围有小草和树木，天上有蓝天和白云，还有鸟儿在天上飞。蔷薇的不远处有一条小溪，清澈见底，里面有小鱼儿在游。作画者讲了这样一个故事：

"画蔷薇时我本想画蓝色，但想到花就不由自主拿了粉色。画完后我觉得还是蓝色更好，所以又在一旁画了一朵蓝色的蔷薇，它开放得非常灿烂。这朵蔷薇的名字叫'冷幽'，它孤寂、清高，没有人理解它，但它有时又很快乐，感谢着世间万物。它来自很遥远的地方，只是有一天被风吹到了这里，然后在这里生

图1.2

根、发芽和成长。最开始时它既来之则安心，但久而久之，它开始害怕这里陌生的一切，它觉得没有安全感，尤其是到了夜里，它就会特别紧张和害怕。它和周围的小花小草关系都挺融洽，但却觉得没有一个知心朋友。最后，它又被风吹呀吹，吹回了它原来待的地方，和那里的亲人相聚，它的下半生过得很快乐。”

图画和故事投射出作画者最主要的情绪：孤寂，不被人理解，有矛盾的心理，既想与别人有联系，但又不主动去接触别人，很多时候陪伴她心灵的只有她自己的影子。同时，从描述中可以看出，作画者对环境不是很适应，有无根的感觉。作画者心里知道，自己“应该”适应环境，“应该”有一颗感恩的心，但由于在人际交往中得不到足够的支持，有时会觉得自己不属于这里。她对自己想成为怎样的人没有清晰的想法，有一些矛盾的想法在头脑中打架：有时觉得自己应该成为一个随和的、与其他人一样的女孩，有时又觉得应该保持自己独立的个性，哪怕别人不理解自己。图画里两种视角并存也体现了这种矛盾性：图画大部分地方都用了平视视角，但也有个别地方用了俯视，比如说最下面两棵行道树的画法，是从高处向下看的场景。

这个女孩正走在寻找自我同一性的道路上。到底是成为那朵粉色蔷薇，和所有的蔷薇花变得一样，还是成为那朵蓝色蔷薇，高冷但独一无二？或者她有成为两朵蔷薇的自由？这需要她自己去探索。

蔷薇与蝴蝶

图 1.3 的作画者是一位女生。画面全部画满。面积最大、色彩最浓厚的是桃红色。只在画面右下角，有一朵粉红色的、小小的蔷薇花，花儿边上还有一只黄色的蝴蝶在飞舞。作画者写道：

“桃花纷飞，溪水长流。蔷薇花儿，默默绽放。小蔷本来是一只蔷薇花精，她美丽、安暖、可爱，可是为了自己心爱的人，她用自己的修为交换了自己心爱的人的生命。她的爱感动了上苍，上天将她变成了一朵蔷薇花，生长在山坡上。她的爱人醒来后找不着她，不吃饭、不睡觉，最终上天把他变成一只蝴蝶。他找到了她，生生世世跟她在一起。”

图 1.3

整个画面构图非常美，而且非常有生命力。不光是漫山遍野的花儿，还有潺潺流水。从笔触来看，作画者是一个非常细腻的人，在情感体验方面也非常丰富。她的故事既可以是关于爱情的，蝶与花天然是追逐与被追逐的一对；也可以是内在女性意识和男性意识的融合，两种意识和力量发现了对方，并且接受对方。这对她的成长是一个非常好的信号，相信她会因此而获得更多力量。

值得注意的是，在画中所占面积最大的并不是蔷薇，而是桃花，蔷薇只是缩在小小的角落里。这可能表明作画者还不够自信，她需要更自信、更舒展，然后才能自如地绽放。也可能表明作画者对爱情非常向往，在她懵懂的爱情观中，牺牲和奉献是一个非常主要的内容。她认为只有付出和牺牲，才能赢得真正的爱情。

破灭还是重生？

图 1.4 是由一名男生所画。整个画面全部被铺满了颜色，以黑色和褐色为主，整个画面有非常强的视觉效果。作画者讲了这样一个故事：

“这是世界破灭的时空。这朵蔷薇名叫‘凋零中的璀璨——天使的凝视’。大地已经四分五裂，但这朵蔷薇却发出淡淡的光芒，以一己之力，独立照亮了视

图 1.4

野。它没绿叶，没有资源给予它，它是天使的种子，要么一念破碎，要么努力绽放。虽然有干旱、烈日、狂风不断侵蚀，但它仍然在继续努力。”

可以看出，作画者的想象力非常丰富，描述了一个玄幻故事的一部分，让人想知道这个故事的前缘和后续。作画者内在的感受力也非常强，所以会画出具有震撼效果的图画。画面中充满着冲突与挣扎，比如破灭的、被割裂的时空与蔷薇花光芒形成的完整空间之间，恶劣的环境与蔷薇花儿的生命之间，没有资源与努力绽放之间。

尽管这像是一个玄幻故事的画面，但它仍然象征了我们内在的意识。每个人身上都同时存在有男性意识和女性意识，或荣格所称的人格面具阿尼玛和阿尼玛斯，但作为男生，其女性意识的获得和定位和女生不同。这幅画的主题是用象征性的语言，讲述其女性意识的艰难处境。在故事部分，作画者特别强调了蔷薇花儿没有任何支持，再加四周破裂的空间、黑色的太阳，更显其孤立的状态。在每个人内心，其女性意识和男性意识达到一种平衡和整合，将是一种最佳状态。这位作画者正走在这样的道路上，他的内在是非常有能量的，但这种能量只有在他找到平衡后才能转化为建设性的能量，否则会是支离破碎的、破坏性的力量。

被大手抓住的蔷薇花

图 1.5 是一名女生所画。画了一朵长在花盆里的蔷薇，在室内的空间里。画面全部画满，蔷薇在画面的右边，占据画面中央和左侧的是一只很大的手。作画者写道：

“这朵蔷薇花的名字叫‘欣乐’。它很欢喜，有好奇心，无忧无虑。它非常洁净、纯洁，不受一丝沾染。它是突然出现在这个世界上的一朵花儿，它可以说话，可以听懂人类的话。可是，人类却并不知道它的特殊，因为它只是默默无闻地看着这人世间，很累，很不公平，但这都不是它能管的，它只想做好自己。可是，过了很久很久，不知多少年，它也被这人世间的琐屑给锁住了，它很想逃离，却好似被一双大手紧紧拦住、抓住，它知晓它终被这人世间的琐屑捆住与融化，可却依旧有那份想要摆脱的心，所以它知道，它已属于这人世间的琐屑，而它能做的就是学会让自己快乐，学会制造快乐。”

这幅画的主题是在讲一个 14 岁的女生如何面对这个世界，想成为一个怎样的人，当下又不得不成为一个怎样的人。十几岁的少男少女是这个世界上最纯洁的人，他们对这个世界有无限的憧憬，有自己的道德标准，同时他们又看到

图 1.5

了这个世界的不如意。这幅图画中表现出了作画者不愿意沾染任何世俗的气息、更不甘心被这个世俗的世界同化,但又不得不屈从的心态。

从画面的处理来看,作画者是一个做事非常认真仔细的人,画面上很多的细节她都画了出来。她对自己的评价较高,那朵花儿很美,而且她画出了花瓣、花萼、叶子、茎,还画了花茎上的刺。

这朵蔷薇的命运会怎样?是被这个尘世所同化,去追寻大多数人正在追寻的"廉价"快乐,还是保持自己的冰清玉洁?在图画里,蔷薇是非常无助的,除了远远地观察这个世界、保持自己冰清玉洁,没有办法做任何事情。

那只手看上去像一只女性的手,看上去干干净净,却是抓住这朵蔷薇、迫使这朵蔷薇成为尘世中普通花儿的力量。从画面的比例来看,手要比蔷薇更大,更突出了蔷薇强烈的无助感。手指甲和衣服的蓝色与蔷薇的红色形成鲜明的对比,蓝色在这里可能代表郁结的、压抑的、沉重的能量,而红色代表绽放的、自由的、纯净的能量。两者之间有剧烈冲突。

在图画当中,作画者传递出的一个信息是:蔷薇别无选择,也没有力量作出自己的选择,只能是非常被动的。如果转换一种视角,意识到蔷薇也拥有力量,可以有自己的选择,结局就会不一样,而作画者可能没有意识到自己拥有这种力量。

动物

所有画出的动物,其实是我们内在自我的一部分,是我们内在的一种愿望、欲求或自我形象,也更接近本我。作画的主题是:"如果你能够成为一种动物,你愿意成为哪一种?"

追求友谊的狼

图 1.6 是一位 15 岁男生画的狼。他对图画的描述是:

"这是一只狼。它从出生到死亡都与同伴在一起,注定了一辈子不会孤单。

图 1.6

狼很团结。它没有什么天敌，不用整天担惊受怕，可以算是食物链最顶层的动物，可以每天无忧无虑地玩耍。”

在画中，狼顶天立地，除眼睛用了绿色外，全身都用了黑色。浓重的黑色透出了孤单感。虽然作画者在语言描述中说这只狼不孤单，但可能在现实中，作画者的感受是孤单的，没有很亲密的同伴。虽然狼是群居动物，但孤狼也是狼的典型形象，如歌曲《北方的狼》中所唱“我是一匹来自北方的狼，走在无垠的旷野中，凄厉的北风吹过，漫漫的黄沙掠过”，狼的形象是沧桑的、孤独的，又如《风之彩》中所唱“Have you ever heard the wolf cry to the blue corn moon?（你可曾听到，野狼向着冷月哀嚎?）”描绘的也是一只在黑色的夜空里哀嚎的狼。

从这幅画狼身体各部分比例上看，狼的头所占比例最大。这表明作画者对自己智力的评价很高，认可自己的聪明程度。

另外，这幅画表现出了作画者的攻击性，只是这种攻击性没有被凸显出来，因为狼的牙齿是用单线勾勒出来的，并没有反复描画或填充任何颜色，不细看的话很容易被忽略掉。但作画者并没有忽略它，相反作画者是非常看重它的，因为作画者给这幅画取名“狼牙”，他其实是注意到狼的牙齿很锋利，能咬碎很多东西。看起来作画者能够控制这种攻击性，并且不希望别人关注到这种攻击性。这幅画里除了眼睛的绿色，狼身上的野性并没有得到充分的表达，攻击性的部分都是小心翼翼的，这表明作画者对狼的野性其实是有忌惮的，他更看重的是狼处于食物链的顶端，不用整天提心吊胆。这反映出作画者的一个愿望：希望生活能够过得更有掌控感。

无拘无束的马

图 1.7 是一匹马。是一位 14 岁的女生所画。她对图画的描述是：

“我画了一匹无拘无束的马，它自由奔放，热爱大草原。它有着蓝色的马鞍。蓝色是天空的颜色，是大海的颜色，也是我最喜欢的颜色，它象征着自由、无拘无束和幸福快乐。”

用马来代表自由是很常见的。而作画者给马加上鞍，突出了这种自由被掌控、被驾驭，其实也表明作画者在现实中是个受到拘束的人。因为在现实中没有这种自由奔放，所以她更渴望拥有。

从整个画面来看，这匹马被突出的是它温驯的那一部分，画得更像是宠物

图 1.7

马，像是给孩子骑的矮种马，而不是那种在草原上自由奔腾、像风一样快的骏马。结合马背上有马鞍的这个细节，可以看出作画者渴望自由时是多么怯生生，连想象出自由的样子都是一种奢望。

无忧无虑的火鸡

图 1.8 是一位 15 岁女生所画的火鸡。她这样描述：

“这是一只生长在草原上的火鸡，他有一个美丽的名字叫维他命。他非常可爱。他出生于一个风雨交加的夜晚。虽然在火灾中失去了父母，但因为他坚持、努力、战胜困难，现在生活得无忧无虑，以后他也一样会有美好的生活！”

整个画面上流露出和谐、乐观和积极的氛围：天空中有太阳和云，远处有山，近处有一只精神头十足的火鸡，充满了阳刚之气。可以感受到作画者有较为清晰的自我意识，对生活有着积极乐观的态度。

而故事当中这只火鸡命运多舛，出生于一个风雨交加的夜晚，并且后来在

图 1.8

火灾当中失去了父母,成为一只孤儿火鸡。这种情节经常与青少年的一些幻想联系在一起:“如果没有父母管束,我会是一个多么自由的人!”也会与青少年的一些自怜情绪联系在一起:“在这个世界上,没有人关心我、理解我,我就像一个孤儿。”但从给这只火鸡起的名字“维他命”这个细节来看,作画者能够感受到她对别人是多么重要。

熊妈妈和熊宝宝

图 1.9 是唯一一幅画了两只动物的图画,是由一位 15 岁的女生所画。她写道:

“我画了两只熊,它们是一对母女,它们生活在一个美丽的地方,可是有一天它们渴望到下面的尘世去看看,于是熊妈妈就带着熊宝宝来到了一个新的世界,它们对新的世界充满了憧憬。但是了解了这个新世界后,它们还是觉得自己的家好,于是它们回到了自己的家,和熊爸爸团聚了,于是一家人过着幸福的生活。”

图 1.9

这幅画画面流淌着和谐与温馨。对这幅画的描述也是一个美丽的童话：妈妈爱宝宝，宝宝受庇护，一起探索家以外的世界，回归家的世界，家庭团聚。

在现实世界中，熊是一种凶猛的动物，充满了力量和危险。但在童话中，熊被描写成一种萌宠生物，毛茸茸的，憨态可掬，善良友好，人畜无害。而这幅画就用了童话中熊的卡通意象，取其萌宠、无害的含义。而画面中数个蘑菇的造型以及作画者所编的故事又强化了童话情境，作画者似乎生活在一个童话的世界中，而且在童话中，她可以自由选择生活在哪个世界、和谁生活在一起。

图画中有两个世界，一个是天上的世界，一个是下面的尘世世界。这样的区分也是有深意的：天上的世界是指家庭，尘世的世界是指家以外的世界，上和下的区分是说在作画者内心里，家的世界在地位上是更高的，而外面的世界则位居其下，没有那么重要。当她探索家以外的世界时，她需要妈妈的陪伴。爸爸则是在家里等着她们的人。

五彩蜜蜂

图 1.10 是一位 15 岁的女生所画。她写道：

“我画了一只既像蜜蜂又像小飞虫的昆虫，背景是粉色、蓝色的绵绵云。五

图 1.10

彩的动物，载着梦在云端。我很喜欢它，它就像我的梦想，带着我的梦，飞上云端，去看那别人看不到的风景，体会别人不曾体会到的感觉。在它刚刚降生时，它十分天真、可爱，可因世界无奈与成长的挫折，而不得不走向防备，没有一个朋友，把所有的人当成假想敌，想要改变世界的不公平。可是慢慢地，它找到了梦想，想要一个平静的心灵，归隐山林，做一个怡然自得、清淡出世的动物。”

作画者正处在做梦的年纪，所以整幅画有梦幻般的感觉。作画者做事非常仔细认真，彩色的背景是她用彩笔涂出来的。蜜蜂的每个细节都被细细描绘。可以看到作画者有时过于注重细节，为此可能会迷失整体。

从作画者的描述来看，她似乎有过挫折，目前正在修复阶段。这种挫折可能不是针对某个人的，而是在成长过程中对整个世界的感受。这在她的年龄阶段非常具有代表性。蜜蜂尾巴上的刺尽管被装饰过、看起来比较柔软，但仍然是具有攻击性的武器。这代表着她的防备和戒心。她目前选择的“归隐山林”只是她当下想到的解决出路，未必代表她真正的行动。

从画面整体来看，昆虫占据了主要位置，用了多彩的颜色来画，而且还画了彩色的云和花儿来陪衬，这表明她对自我的评价较高，相对比较自信。“相对比较自信”是因为这只是一只小昆虫的自信，当她更有能量时，也许会是骏马、苍鹰、大鹏的自信。

孤独的蝎子

图 1.11 的作画者是位女生。和图 1.6 相似，图画的一个特点是具有攻击性。图中的蝎子有一对大螯，还有一只带有尖刺的尾巴，再加上它体内的毒性，它的攻击性是非常强的。

除了攻击性之外，图画中传递出的一个重要信息就是孤独。蝎子是褐色的，代表了一种情绪上的低落。除了画出主角的孤独，作画者觉得还不够，她还用漫天的褐色的点画出弥漫的寂寞。在作画者对图画的描述中，她把这种孤独发挥到了极致：

“这是一只在沙漠中寻找食物的孤独的蝎子。他一生都是孤独的。他出生

图 1.11

在沙漠中的岩石缝里。一出生他父母就不在了，只能靠自己。他不群居，而是独自觅食、交配。他面临的环境是弱肉强食。虽然生存环境恶劣，但他一直不放弃。他的寿命不会很长，也许会被更凶猛的生物吃掉，也许会一直寻找比自己弱的昆虫作食物。”

作画者的画和对画的描述，其实也是她感受到的世界：这个世界是残酷的、弱肉强食的，每个人都只能靠自己。孤独就是每个人的宿命。

我不知道为什么一位 15 岁的女生会有这么深重的孤独感，有可能是她气质中与生俱来的，有可能是她在后天环境中强化出来的。她所创造的这个动物与生俱来就是孤独的。它出生和生活的环境也是孤独而恶劣的，而且没有可以依靠的支持力量：父母不在，没有同伴。

除了孤独外，故事中的另外一个主题就是生存环境的险恶：沙漠是严重缺乏水的地方，昼夜温差大，白天太阳暴晒，晚上气温骤降。生物的生存非常艰难，捕食更是一个非常困难的事情，生物所有的精力都会放在生存上。

故事中主人公的设定和所有环境的描绘，是作画者想通过各种方式表达：

强烈的孤独感,生活的艰难,没有人可以依靠。即使拥有攻击能力,也是为了生存。不论这是作画者真实世界的反映,还是她想象世界的描述,这里面都有她自己的影子。

画面中有一种可贵的力量感。蝎子有一对大螯,几乎和身体一样长。蝎子有一只带毒的尾巴,比身体还长。这是一只战斗的蝎子。它有力量,有独立性,有顽强的生命力,永不放弃。尽管这是一个女生的图画,但在故事中她把蝎子设定为男性,是因为她需要这种力量。

当人们孤独到极致时,渴望与他人联结的种子就已经种下。如果能够根据从画面中得到的信息帮助个体发生行为上的改变,现实中的变化就会带来图画内容的变化,与他人联结那部分就会出现在画面中。

树

树木是生活在地球上的植物,它的渊源比人类更长久。在心理学中,树木常象征和代表人、人的个性和人的发展。树木站立在大地上,根扎进大地、枝桠升向天空,就和人站立在天和地之间一样。树木的成长会有年轮做记录,与人的成长会有记忆一样。树木从地下吸收水分、从天空获得阳光,与人从内在和外在获得成长资源一样。通过人们画的树进行人格分析,具有天然的适切性。

通常可以从以下几个方面来考察树木人格图:画面大小、树的位置、笔触、力度、树木生长的环境、季节、树木的整体形状,树木整体的生命力,树木内在的通畅性,树冠、树枝、树干、树根的形态、其比例和相互关系,树木的果实,图画整体所传递出的情绪及附属物等。

生活在阴影中的树

这是一幅高一男生所作的图画(图 1.12)。他 17 岁。他自述这是一棵春天的树,结的是不知名的野果。

图 1.12

从图画中来看，树有两个特点：一是树有阴影，树干上有阴影，树在地上也有阴影，甚至连地上的苹果也有阴影。这么多的阴影往往代表作画者心情忧郁，有很多心思。这是他情绪的主调。二是树下有掉落的苹果。掉落的果实通常象征着从比较好的境况掉落到不太好的境况，或者是隐喻个人在某一方面的“堕落”、水平下降等。如果是自然成熟后掉落的果实，通常具有更积极的意义。如果是被风或其他外力吹落的果实，被动、无奈的含义更多。如果掉落的果实能够食用、没有坏，通常含义更积极。如果掉落的果实已经腐烂、无法食用，通常代表更消极的心态。

这幅画中掉落的果实对作画者的意义是什么？根据作画者的描述，是他父母的离异。在父母没有离异前，他觉得生活充满阳光，就如同画面左上角那太阳。父母离异后，给他带来的是阴影，他从温暖坠落到冰冷。那细细密密的阴影笔触，其实就是他多疑、多虑心情的写照。

看到这样年纪的学生，在画中透露出如此沉重的忧虑和心思，总是让人心生担忧。他需要周围温暖的关怀。如果条件许可，最好接受个别心理辅导。比较积极的信息是图画中的树是一棵茁壮成长的树，具有较强的生命能量，而且处于生命的春天，有巨大的成长潜能。阴影只是暂时的。

结多种果实的树

图 1.13 来自于一名高三女生。她画的树为“多果树”。她说这是一棵秋天的树，长在草原上。附近没有其他的树，只有这一棵树。

这棵树最引人注目的是树上结了多种果实：苹果、柠檬、香蕉、西瓜、草莓、樱桃、橙子。作画者说：“这是经过基因改造的树，现在已经是这棵树的第二年，所以它成功地结出了不同的水果。”从树的形状来看，树干是笔直的，树形也比较大，在整个画面的正中间，这代表了作画者自我评价较高。

而多种果实可能有多种含义：有可能作画者有很多个目标和想法，都想去

图 1.13

尝试一下;也有可能作画者想做很多件事情,或者她的兴趣爱好特别多;结合她目前在高三年级,也许意味着她未来的选择有很多种,而她举棋不定。从果实的类型来看,都是自然的、天然的水果,这可能也代表她想要的事物可能属于同一种类型,但是有差异,而作画者就在这些选择面前举棋不定。

这是现在年轻人常见的一种状况:有太多的可能性和诱惑,什么都想要,什么都觉得不能丢下,会出现选择困难。

画面上还有掉落的苹果。作画者说:“这是已经成熟的苹果,被风一吹就自然地掉落下来。”果实掉落的含义通常是从高的地方坠落下来,或者从好的境遇转为不好的境遇,在这里,可能代表着收获和成熟,需要有人来分享收获的感觉;也有可能代表自己的状况不如以前好了。

从整体来看,作画者具有丰富的想象力,能够编出一个基因改造的故事,对自己也有较高的评价,成长的过程也较为顺利,但是作画者在面对现实当中的多种可能性和选择时,会犹豫不决,什么都想要,而在时间和精力有限,需要她作出决定的时候,就会出现一些困难。

茁壮的家庭树

作画者是一名高一的女生。她说自己画的是春天的树林。她说每一棵树都代表一个家里人,从左到右分别是爸爸、自己、妈妈以及其他亲人和朋友。在作画者眼中,爸爸因为常年不在家,在外地工作,所以代表爸爸的那棵树在图画当中只出现了半边,但爸爸是非常温暖的,每次回来都会给她带好吃的好玩的,所以她用了红色来画代表爸爸的这棵树。作画者把自己画成了一棵正在开花的小树,在爸爸和妈妈的庇护之下。妈妈是家庭当中最大的那棵树,在妈妈身边的树代表其他所有的亲人和朋友。

从画面来看,作画者画出了温暖的家庭,画作充满了和谐与生机。作画者也有较好的审美感受,所以把这幅画画出了层次和光影的感觉。能够用树木来代表家庭成员之间的关系,表明作画者具有很好的想象力,也代表了她对于家人的关注,家庭关系对她具有重要的意义,家人的支持对她也是非常重

图 1.14

要的。

在图画当中，作画者把代表自己的那棵树画得很小，有可能在爸爸妈妈的眼中，她仍然是一个孩子，但她其实也正在迈向成人的队伍。另外，在家庭关系当中，妈妈显然是家庭的顶梁柱，所以代表妈妈的那棵树在画面当中所占的位置更大，家庭当中来自母亲一方的家庭支持也会更多，而爸爸这一方就显得有些势单力薄，爸爸在家庭中有些缺位。这位作画者的图画里面藏着一个愿望，就是希望爸爸有更多的时间能够在家里，增加存在感。

被修枝的树

这是一个高一女生画的树。作画者描述说这是一棵秋天的树，是一棵路边的行道树，刚刚被修剪过。在作画者的故事中，这是一棵普通的市容树，每年被城市管理局的园丁们修剪。过节假日的时候，它还会被挂上彩灯。这是一颗非

图 1.15

常茁壮的树，但现在刚刚被修剪过，整棵树有些无精打采，它需要经过一个冬天漫长的休息，来年春天的时候再发出新芽。

作画者刚上高一，目前进入一个新学校，从图画中可以看到作画者在新学校里的感受就与这棵被修枝的树一样，在新环境当中感觉到有一些不适应，可能她原先擅长的不再是优势。在新的环境当中，熟悉的一切都不复存在。她的言行举止也会变得拘谨起来，在很多方面受到束缚，就像被修剪过的树。而且作画者提到这是一棵普通的树，代表了作画者自我评价是一个普通的学生，不再是之前那个耀眼的明星学生。

从树的画法和文字表述，可以看到，作画者觉得对自己来说最重要的是积蓄能量，在合适的时候重新爆发出蓬勃的生机。这棵树原本是一棵生命力旺盛的树，现在被修剪之后，枝丫变得有些光秃秃的，没有了树叶的装饰，展现出一棵完全不掩饰自我的真实的树的样子。这有可能是作画者在新环境中的真实感受。在进入高中之后，她开始从过去那种好学生的状态，调整成“我是一个普通的、平凡的人”。她意识到：平凡而普通有可能才是真实的自己，就像这棵树以真实的面貌出现在众人面前。

修剪具有双重含义，一方面，修剪对树有好处，帮助树木长得更直、成为栋梁，但另外一方面，也是一种束缚、外力干涉或者一种伤害，就看怎样定义树木的未来和用途。如果这棵树不是栋梁，只是一棵自由自在生长的、野外的树，任何修剪都是没有必要的。从作画者的描述中似乎可以感受到作画者的矛盾心态：这棵树对被修剪感到不舒服，但同时又知道这种修剪是一种常态的、对树木有益的部分，所有的行道树都要被修剪。有可能作画者也在思考：自己究竟要成为一个怎样的人？是跟别人都一样的普通人，就如同其他行道树一样，还是成为不一样的人，如同一棵自由生长、不被修枝的树？

山

山是自然界常见的景物，在心理学上，它有多重含义：一是代表目标，攀登就象征着向目标奋进；二是代表支持、鼓励、肯定和坚持的力量，可能来自家人、其他人或自己，带来安心感和稳定感；三是代表阻力、障碍、压力、困难和挫折，也代表随之而来的负面情绪，如沉重感、低落感和压力感等。

对于与山有关的图画，可以从山的形状、山的性质、山的面积大小、山的色彩及其附属物进行分析。根据作画者所画出的山，可以分析作画者当下的情绪状态、对过往经历的感受、对目标的看法、感受到的支持或压力等。另外，作画者当下最需要解决的问题也会投射在这个主题的图画中，同其他的图画分析一样，每一幅图画都要个性化地分析。

作画的主题是：“想象一座山或山脉。可以是在世界上存在的山，也可以是你想象世界中的山。这是一座怎样的山？”

孤独的山

图 1.16 是由一名 13 岁的女孩所画。这幅画全部由灰色画成。画面上是

图 1.16

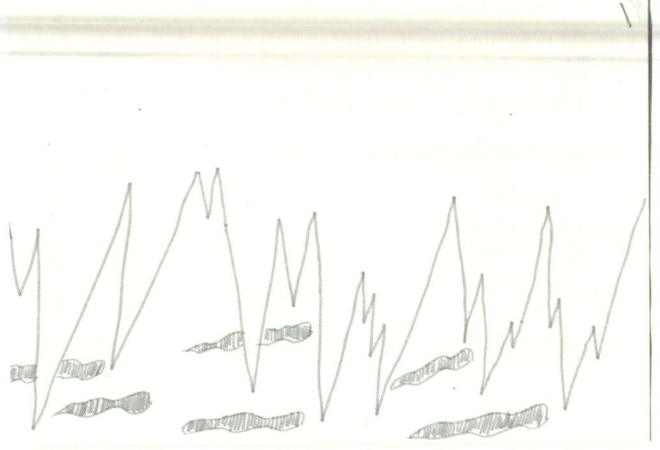

一座连着一座的山峰，山峰之间还有云朵，显示出山的高度。线条简洁，画面很干净。整幅画表现出作画者简洁利落的做事风格。

画面最主要的特点是深深的孤独感。画面的灰色本来就表达出情绪的低落，那么大面积的山没有任何生机、没有任何人烟，表现出苍白和情感的枯竭。作画者的叙述也印证了这一点：“这些山在荒无人烟的偏远地方，冬天，那里没有一个人，只有山。那些山孤零零地在那里站了许多个白天和夜晚。它从前是一座很有名的山，最后沦落为一座无人问津的山，经历了一些挫折和坎坷，看到了人类的虚伪，最终成为了一座让人讨厌的山。”

从这些描述可以看出，这座山就是作画者自己。她遭遇了从受人欢迎到受人冷落的过程，心里有很多苦楚，别人对她的态度让她感受到了世态炎凉。我们不清楚这些经历已过去了多久，但它的影响持续至今。作画者有深深的无助感。那些尖尖的山峰也代表着作画者压在心底的愤怒感和不公平感。

在中学生当中，受欢迎和不受欢迎是非常重要的一个人际关系指标。有时候这是由团体的动力决定的，当事人本人并不能完全掌控。而团体对一个人的孤立将是一种伤害。作画者把自己从受欢迎到不受欢迎的感受投射在这幅画里。从有名到无人问津是特别大的落差，就像图画中山峰到谷底的起伏一样。而这个过程当中发生了一些事情，让作画者看到了人的虚伪。作画者目前用的方法是逃避和无奈接受。画面中那种深深的孤独感对一个 13 岁的孩子而言有些过于沉重了。

神仙山

这是一个 13 岁女孩所画的山(图 1.17)。画面左边是山,有路和沟壑,山顶有一座红色的屋子,屋子旁边就是云朵。画面右边是草地和绿树,草地上有红花,树上有果实,还有一只鸟在飞。整个画面流露出作画者内心的充实感。

画面情绪的基调是和谐与平静。作画者说:“在连绵起伏的山脉中,有一间温馨的小屋,小屋被美丽的云朵包围着,像极了神仙住的地方。沿着山路下山,正是春季来临之时,到处鸟语花香,大地铺上了绿毯,小鸟也报告着春天的到来,万物复苏,到处充满生机活力。我只是在屋里,情绪很平静。这座山是一座幽寂的山,十分安静、美丽、清新。”

语言描述充满生机,只是画面中有一种分割:左面灰色的山似乎缺乏生机,只有山顶的红色小屋富有生机,而画面右边则充满了生机,从草地、果树到飞翔的小鸟,都充满了活力和动感。这可能表明作画者对未来虽然有信心,但还没有看清路该怎样走,内心还有一些不确定感。作画者也许需要做一些事

图 1.17

情，让自己对未来更有把握。另外，充满生机的背后，这幅画也流露出人迹罕至的寂寥，整个画面中可以看到大自然的植物、生物和景物和谐相处，画了房子，但缺乏人的气息。也许作画者在人际关系方面会有一些退缩的表现。她感到更舒服的角色是“观察者”。

太阳和山

这是一个13岁的男生所画的山（图1.18）。画面上有三座巨大的山峰，有一轮红日正从山后冉冉升起。三座山峰占据了画面的主要位置。

画面的情绪基调是充满温暖和力量。山峰的轮廓线是柔和的，太阳是温暖的，山坡上也充满着绿色，画面是很有活力的，山峰代表一种温暖和支持，具有一种力量。作画者自己说：“看到这样苍茫的景色，让我舒畅。”

只是，山的轮廓线是黑色的，山峰上的绿色夹杂着灰色，而且由很多短的横线和斜线组成，表明作画者有很强烈的情绪投射在作画过程中，并且还体现出抑制这些情绪的努力。我不禁会问：这些温暖和活力是作画者目前已经拥有的，还是他希望将来能够拥有的？

图1.18

巨大的山、渺小的人

这是一个13岁的女生所画的山(图1.19)。画的是群山,处于画面偏左下的位置。山顶处涂了隐约的黄色,代表白云。在群山的下面,有一个小小的人,蓝色。作画者说:“这座山的名字叫‘欲望’。它在我的幻想之中,特点是高、模糊、看不清、摸不透。我仰望山顶,情绪是抑郁的,因为很多事情让我困扰、不开心。”

这是一幅有典型意义的图画:山代表了压力。作画者感受到的压力正如被这些沉重的山压在下面。山那么高、那么多,表明压力非常大。与山的面积相比,人是非常渺小的,这种渺小突出了作画者的无助感:如此渺小的人面对这样巨大的山,能做什么事情呢?什么都做不了。

但图画中亮色的部分在于山是绿色的,不像黑色那样沉重和了无生机,它是有生机的山。有生机的山就会有花草树木,就会有四季变化。山有成长,人也会有成长。当成长的人踏进有生机的山,开始攀登之后,有些事情就会发生变化。

作画者有很好的反思能力。她已经意识到欲望对她行为的影响,意识到欲

图1.19

望对她的控制性。这种反思能力其实是她的一种资源。

盛产梦想的山峰

这是一个 13 岁女孩所画的山(图 1.20)。画面的最下面是草地、一个人的背影和树。画面的中间部位是连续的山峰。画面的上部中间有一座最高的山峰,上面有一颗心。画面最上部漂浮着云朵。

作画者说:"我画了一座座山、小树、草丛、小花苗和我,在春暖花开的季节。这是我心中的'伊甸园'。我在遥望最远、最高、最美的那座山峰。山顶的桃心是我永远的梦想,但山峰上没有路。路,等待着我去探索。我的情绪非常复杂,因为梦想太远,实现太难,但我很努力。只是我被人打击,有点想放弃。这座山的名字叫'梦之峰'。它盛产梦想,在那里有每个人的梦想。"

这段话让人动容,一个初二的学生已经有自己明确的梦想,这实属不易,为自己的梦想付出努力,更加难得,在遇到挫折时仍然不放弃,这需要勇气。

画面整体上充满生机和活力,不论是山峰、绿色,还是红色的人。作画者有很好的色彩感,所以画面在色彩上非常和谐。只是,如作画者所言,她对是否能实现梦想不确信。画面上,山很远,山很高,又没有路,困难是非常多的。

图 1.20

我并不想一味地鼓励作画者努力前行,而是建议她作出评估:是在当下追求这个目标?还是把它作为中期或长期目标?有一些梦想不必放弃,但可以确定时间点、确定当下可以做的事情。梦想和空想的区别在于行动。

水

水是大自然有机的组成部分,它是最重要、最基本的自然元素之一。地球水体约占地球表面积的70.8%,是地球上最大的物象。人类的文明也发源于江河之畔。水化身形于大地,融生命于万物。中国文化高度认同“水”,有很多先哲对水都有描述。老子《道德经》第八章曰:“上善若水,水善利万物而不争。处众人所恶,故几于道。居善地,心善渊,与善仁,言善信,正善治,事善能,动善时。夫唯不争,故无尤。”《道德经》第六十六章再次讲到水的谦虚性和包容性:“江海所以能为百谷王者,以其善下之,故能为百谷王。”孔子曰:“夫水者,启子比德焉。遍予而无私,似德;所及者生,似仁;其流卑下,句倨皆循其理,似义;浅者流行,深者不测,似智;其赴百仞之谷不疑,似勇;绵弱而微达,似察;受恶不让,似包;蒙不清以入,鲜洁以出,似善化;至量必平,似正;盈不求概,似度;其万折必东,似意。是以君子见大水必观焉尔也。”《净土大经》中有关于水的专门论述:水具有八种功德。一者澄净,二者清冷,三者甘美,四者轻软,五者润泽,六者安和,七者饮时除饥渴等无量过患,八者饮已定能长养诸根四大,增益种种殊胜善根。

正因为水这么重要,所以水有多重心理学的含义,下面列举其中一些:

一是生命力。有水才有生命力,有水就可能有生命,水是生命之源。

二是流动和交流。流动的水代表着向前的运动,循环的水代表着能量的交换、形态的变化,都是一种动态、一种运动、一种深层次的变化。水处天地之间,可静可动。静则为池、为潭、为湖,动则为涧、为溪、为河。水的动静转换、生生不息也常用来比喻生死轮回。

三是能量和力量。水蕴含着巨大的能量,飞流直下的瀑布、汹涌奔腾的江水、一泻千里的洪水、波涛翻滚的海洋都拥有巨大的能量,有些能量可以控制,有些能量无法控制。

四是净化和荡涤。水可以把脏的东西变干净，把血腥的东西冲刷洗净，它有神奇的净化功能。善心如水，水之善心无边。

五是代表承载、容纳、包容、接纳。河流、湖泊、大海常是容纳和包容的化身。庄子曾生动地讲过大海的包容和巨大体量："天下之水，莫大于海，万川归之，不知何时止而不盈；尾闾泄之，不知何时已而不虚。春秋不变，水旱不知。"

六是变化和灵活。水呈万态，有多种形态和变体，除了液态的"水"、"雨"、"露"之外，还有气态的"云"、"雾"，还有固态的"冰"、"雪"、"霜"、"雹"、"霰"等。水在不同环境中灵活前行，经沙土则渗流，遇岩石则溅花，过断崖则下垂为瀑，见高山则绕道而行。水可低可高，可以在地下，可以在地面，可以在天上。水能潜、能涌、能流、能奔、能升、能降，适境而生。水没有自己的颜色，会随环境而改变颜色，水没有自己的形状，可以随容器而变化，所以是至柔至刚的代表，也是变化和变革的代表。

七是回归。水是万物的源头，人类也是从水中而来，所以人具有亲水性。作为个体，最早接触的水是羊水，是温暖而包容的所在。水可以象征回归，回归生命的源头。

八是象征着人际关系的类型。比较有代表性的是《庄子》曰："君子之交淡若水，小人之交甘若醴；君子淡以亲，小人甘以绝。"

九是时间易逝的象征。时间飞逝无形，水奔腾向前永不停歇，可以以有形之水映射无形之时。正如子在川上曰："逝者如斯夫，不舍昼夜。"

十是水的韧性和坚强。"天下莫柔弱于水，而攻坚强莫之能先，以其无以易之。"

但另一方面，水又代表其他一些含义，如情绪低落、愁绪万千、哀苦不断。特别是当水的形成转化为眼泪时，常代表情绪低落、悲伤、哀伤和愁苦。以李煜的"问君能有几多愁，恰似一江春水向东流"、李清照的"只恐双溪舴艋舟，载不动许多愁"等诗句为代表。水也可以代表苦难和挫折，如苦海无边、屋漏偏逢连夜雨等。那些在地底的、阴冷的水也常代表抑郁情绪。有些水的形态代表压力，如雨水在有些人那里就代表感受到的压力。水有巨大的能量，而这些能量既可以是正面的，也可以是负面的，有时甚至可以是破坏性的，《孔子家语》云：“水可载舟，亦可覆舟。”

另外还有许多与水有关的衍生物，它们也各有含义，如水晶经常代表凝固的水、透明和升华等，珍珠经常代表凝固的眼泪、升华等，需要具体分析。

水的含义是非常丰富的。水有很多种类，有不同的形态、水体、规模、纯净度，还有温度等，如冰、雪、雾、温泉、洪水、溪流、江水、湖水、池塘、露水、地下水、瀑布、污水，还有臭水沟里的水等，都有不同含义。对有关水的图画，可以通过水的形态、水的性质、画面构图、水的颜色、温度、面积或体积、附属物和笔触等进行全面分析。

作画的主题是：“如果你能够成为水，你愿意成为什么样的水？”

孤单和冷漠

图 1.21 由一名 13 岁的女孩所画。这幅画的下半部全部是灰色的线条，画面中间有一条蓝色的河，左侧的画面上有一个小女孩在荡秋千，右边有一些山，天空飘着雪花和云朵。作画者说：“我画的水是雪之水，平淡无奇，柔情似水，平波荡漾。我希望不再孤单，不再冷漠，希望有人再来这儿玩，不希望有人扔东西

图 1.21

在水里。”

这幅画最大的特点就是情绪上的孤单和低落，这在画面中体现为冷：几乎占据画面一半的灰色在视觉上给人冷的感觉。水是冰冷的，因为是雪水化成的。天空中飘的雪是冷的，连空气都是冷的。这种冷其实代表的是作画者情绪上的孤独感、抑郁感。从画面内容来看，这种情绪和原生家庭有关，在学校的经历又强化了这种情绪。作画者希望的“有人来玩”，其实是渴望打破孤单的现状，“不希望有人往水里扔东西”代表着不想被伤害和被攻击。可以感觉到作画者有些矛盾：希望改变孤独，但又担心与别人的交往会伤害自己。雪常用来代表纯洁和洁净，但它也有冰冷性，一点点温度都会让其融化发生改变，所以和这样的人交往，常会让人不知保持怎样的距离，太远和太近都不适合。

那个荡秋千的女孩是画面的一个亮点。但小女孩和巨大的灰色、河、山、云比起来，实在太渺小了，她一个人似乎也无法改变什么。这代表了作画者的无助感。

尽管画面中间是一条蓝色的河，但因为河水太安静，所以没有流动感，缺乏能量。作画者内心较少感受到温暖感，爱的流动则是一件更难的事情。

画中的河水尽管冰冷，但它至清至柔，自有其纯净和温柔。只是，它要和大自然发生各种交换和转化，它要不停地奔流，才能成为一条有生命力的河。画面的寒凉感只有作画者感受到内心的温暖后才会发生改变。

冬日里的温泉

图 1.22 也是一个 13 岁女孩所画的水。同样是雪花，但和图 1.21 表达的情绪却不同，她传递出的是温暖和流动。

画面左上角是一轮太阳，画面上部是彩色的雪花，有蓝色、黄色和紫色，还有用黄色写的单词“Love”。贯穿画面的是一条蓝色的小溪，溪上有一条彩色的船，溪边有草。画面的下部是一些石块，代表着溪边的路。

作画者描述道：“太阳给人带来希望，冬日的阳光最温暖。这条小溪的名字叫‘冬日里的温泉’，它是温暖的、流动的和美丽的。它不仅有多彩的颜色，而且

图 1.22

有甜味。它奔流不息。它是一种美丽的生灵水，是世上最美的东西，它每经过一个地方就给人们带来一段美丽的经历。它也有喜怒哀乐，人们珍惜它、疼爱它，它很幸福。”

这幅画反映出作画者的心理品质：想象力丰富，拥有一个丰富的内在世界。是个非常感性的人，同时非常敏锐、细腻。与自我和外界的沟通良好。她所描述的温泉小溪其实是她自己，对这个世界具有一种乐观精神，能够感受到人们对她的爱，同时也愿意用爱去回馈这个世界。

冬日里的温泉给人带来温暖，而且作画者奇思妙想，让通常安静的温泉奔流起来，成为更具能量的水，并且让周围的一切都拥有生机。这代表着她有很好的资源意识。她能够意识到身边的资源，也善于利用和分享资源。

感受到巨大压力

图 1.23 是一幅 13 岁男孩所画的图画。画面的下部是蓝色的大海，波涛被特意画出和强调。画面左侧是一片绿色的陆地，画面中央是一艘船，船上有一个棚和黑色的桨——船桨看上去似乎不能用，船和陆地之间有一根柱子和一根缆绳连在一起。画面的上部是云和雨，有三朵云，最左边的云下是大滴的雨水，

图 1.23

中间的云下是中等大小的雨滴，最右边的云下是小而密的雨滴。

作画者描述说："我画的是在波涛汹涌的海上，天上下着大雨。在一片陆地旁有一只小船，不知道它是从哪里来的，可能是从远处来的。这片大海有三个愿望：成为更大的海；在水中有无穷无尽的生物；水是纯净的。"

从画中可以看到，作画者的主题是感受到巨大压力。大海本来是具有包容性的，但在风暴当中的海却是骇人的，掀起的滔天巨浪是具有巨大能量的，但同时这种能量又是不可控的，可能还会具有破坏性甚至毁灭性。而天上的大雨更是代表着作画者感受到的压力巨大。作画者在这幅画中更像是那只小船，想要离岸远行，但却心有牵绊，船被缆绳所系，无法出行，而且风大浪大雨大，也无法航行。在风雨中，可能缆绳也是一种保障。

我不知道在一个 13 岁男生的心里，怎会有这样深重的危机感、压力感、迷茫感和无助感，让人很心疼。海让他有危机感，但船的使命是在海里，所以不可能一辈子待在岸边。但船小、风浪大，寸步难行。似乎这只船没有任何地方可以去。

可以给作画者的建议是：希望你了解这只是你境遇性的感受，而不是人生中一直会持续的状况。当暴风雨过去后，大海就会风平浪静，那时海水不再混浊，尘归尘、沙归沙，海水会是清澈的。只要海水的温度、盐度和深度合适，它就会孕育和包含无穷无尽的生命，它就会承载更多流到大海里的水。你能够有大海的意象，这是多么宽广和有力量的画面！要让这种能量可以被驾驭和控制，而不是被这个能量威压和钳制。

我是一颗露珠

图1.24由一个13岁的男生所画。画面的左下部，有绿色的草、蓝色的植物，植物上有露珠，露珠流进了河里。河水是从左上部流下来的，河岸边有丰茂的绿草。在画的右部，是红色的太阳正从绿色的山峰中探出头。画的上部中央是蓝天以及被初升阳光染红的天空。整个画面充满生机和温暖。

作画者自述道："早晨植物上有些水珠，我就是其中的一颗。为了不被太阳蒸发，我就要向河水进发。如果所有的水聚集在一起，就不会被蒸发，可以进入一个更大的水体——大海。可是，要进入大海，必须要有一个漫长的等待，所以我必须要耐心，不可以被困难打败。经过漫长的等待后，我将进入大海，在这里，我将是一个整体。露珠的三个愿望是：让光辉永远照亮我的人生，成为大海中的一个亮点；为了创造我的人而努力，让他得到永生；让世界上所有的人都强壮、勇敢和文明。"

图1.24

这是一段感人的文字,让人看到 13 岁男生的成长和爱心。用露珠自喻,代表了作画者的不自信、渺小感、弱小感和时间的紧促感,但同时也是一种谦卑。流向河水和海水的露珠,代表了一种归属感,一种坚持和勇敢。作画者用了“漫长等待”的字样,来形容自己从初中到高中到大学到成人的漫长阶段,他渴望长大,渴望能够有报答和奉献的机会。作画者有一颗感恩的心。同时,他也有一个宏愿:让他的祝福能够惠及所有人,所有人都强壮、勇敢和文明。不论他在什么年龄段,只要有这样的宏愿,本身就是一种爱心的体现。

愿作画者能够拥有坚持、勇敢和强大,拥有自己的大海。

世外水源

图 1.25 是一个 13 岁女孩的图画。画面中央是一个水塘,里面有三条鱼和两只小蝌蚪。周围是绿草地,有非常长的草,看上去生命力旺盛。画面右下角有一个男孩经过,他的头旁边打了一个大大的问号,画的右上角有一个小女孩,头脑中也是有一团疑惑。

作画者自述说:“在一片丛林中,有一个坑,一次下大雨使里面积满了水。一天,一个渔夫从旁边路过,便突发奇想放了几条小鱼,后来再也没有来过。鱼

图 1.25

儿们在里面快乐地成长着，无忧无虑。有一天晚上，青蛙带来了几只小蝌蚪，蝌蚪就快乐地生活在其中。一个孩子看到这一切不明白这是什么。这其实是一个世外水源，在这里的水乐、清、爽，能够给孩子们带来快乐。”

整个画面充满了生机，不论是水塘里的动物还是水塘边上的草。这也代表作画者感受到的生命力。用水塘自喻，通常不是特别有能量的表现。从叙述中可以看到，水塘是偶然形成的，并不是精心设计的产物，这代表了作画者内心的自我评价不是很高，这从画面中两个孩子的画法可以得到印证：孩子没有在水边嬉戏，反而是远离水，尤其是右上角的女孩，被画成是小小的，而且是黑色的。但另外一方面，水塘虽然小，却在画面中央，这代表了作画者并没有自卑感，即使成为众人焦点，也会觉得舒适。用“世外水源”自喻，一方面代表着与现实世界有些格格不入，另外一方面，也代表着作画者坚守着一些自己认为重要的东西，不愿意轻易放弃自己的原则。

第二篇　地下和其他的世界

井与井里的世界

《说文解字》中云：“井，八家一井，象溝韓形。罋之象也。古者伯益初作井。凡井之屬皆从井。”甲骨文“井”是象形字，字形像两横两纵构成的方形框架。造字本意是人工开凿的提取地下水的深水坑，为避免儿童老人坠入其中，四周设有方形护栏。

古者穿地取水，以瓶引汲，谓之为井。井是人类和大自然互动的一个杰作：古代人通过挖井获得水资源，大自然通过井向人类奉献更方便、更清洁的水源。水井对于人类文明的发展有着重大意义。水井出现之前，人类逐水而居，只能生活于有地表水或泉的地方，非常被动。水井的发明使人类有了更多的自由，可以在不同的地域活动。而有水的地方就有人居住，有人聚焦在一起居住的地方就成了故乡，是谓市井、乡井。

井的心理学含义很多，主要有：一是代表潜意识的世界，代表着人对自己潜意识的探索，因为井处于地下，而往地下走通常代表着对潜意识的探索。二是代表着对人类来说未知的、神秘的世界，或世外桃源。水井通往地下，而地下世界是无人知晓的、神秘的，因此井也就成为通往异界的通道，在中国的志怪小说中，井往往成为了通往另一个世界的通道。三是代表死亡或逝去的世界，井可以成为联接生死的通道。四是代表人们的孤寂感、与世隔绝感、被遗忘感甚至被抛弃感、被遗弃感。进入到井中后，可以和地面的世界隔绝。现实中也可以看到枯井和被废弃的井。五是代表着故乡、家园、生活和精神家园等，这是从井在社会体制中联结的作用衍生出来的。“九夫为井，四井为邑”、“改邑不改井”，井是古代社区存在的基本要素。当人们背井离乡之后，井就成为家乡的象征，再喝一碗家乡的井水就成为回乡的重要仪式。六是代表情绪、资源和能量的状态，有水的井、水质清冽甘甜的井能量是充沛的，还有一些井即使是在大旱之年也有水，这种井通常象征稀有的资源。如用“心如古井”形容情绪上的平静，波澜不起，甚至到枯寂的状态。七是代表一种局限、束缚和隔绝，通过井看到的世界是受局限的，如坐井观天。井口位于地上而井身深入地下，如果人在井中看世界，所见井上之天也就小。八是代表女性或女性的性别特征，因为它是一个凹陷的深坑，按照弗洛伊德的解释，可以象征女性及其性别特征。

分析有关井的图画，可以从其整体构图、色彩以及井的形状和类型、井与周围环境的互动、井的生命力和资源等状况来分析。作画的主题是：“请你想象出一口井，并顺着井口进入到地下井的世界，看看井下有一个怎样的世界。”

井下的镜子

图 1.26 的作画者是一名 17 岁的男生。他画出了一个井口和井下的世界。井下一个人正打着电筒在照镜子，在镜中看到的是自己。这是非常典型的用井下代表潜意识世界。

图 1.26

井是在地底的，地平线常是意识和潜意识的分界线。井口在地面，但又通向地下的井可以象征人们内心深处的世界。玄幻小说中会有这样的场景：井底有一面魔镜，谁去照，映出来的就是谁心里最想见的人或最怕见的人。井里的世界，就是我们的内心世界。

作画者说："我下到井中，想要找到一片新世界。但井下有的只是镜子，井下反射的景象和地上一模一样。"

从图画来看，作画者是一个比较遵守规则的人，很注意生活和学习中的规则，他的眼里方就是方，圆就是圆，整个世界是结构化的。他构建的井中世界，全部是镜子：四周是镜子，脚下也是镜子，整个人会被无数镜子反射，每个部分都看得清清楚楚，无处可逃。所以作画者在现实世界中想要逃避，最终却发现远处可逃。

作画者感慨道："在人们的生活中没有逃避，没有他途，只有回到真实的世界，面对生活给我们的一切。情绪或许有些失落，但在手电筒光的指引下，也更有了战胜一切的坚定，背水一战的信仰将推动我前进。”看上去，这次井下的探索让他有了更多面对现实的勇气。手电筒在这里代表着潜意识中的希望。他能有所体悟也是非常难能可贵的。

只是，这种乐观仍带有不太确信的成分。作画者可能需要更多的勇气才能探索得更深。

平行时空

图 1.27 是一位 17 岁的女生所画。画的题目叫“平行时空”。作画者这样描述自己的图画：

“在一口井外有另一口相同的井，井连接着一个平行时空。时空中的我正在一处宁静、平静的湖上钓鱼，而钓的这条鱼正是井上那个世界中的井中的鱼。这个时空中有着房子、树和大山，房中人家正在做饭，生出袅袅炊烟。我把钓到

图 1.27

的鱼给妈妈做了一顿丰盛的晚餐。一家人吃完晚饭后散步，生活很幸福。在井上的我正在书桌前，奋笔疾书地学习。生活很忙碌。”

这幅画是典型的井是未知世界的代表。我们常在科幻小说中看到这样的场景：在我们的地底，有着另外的世界。

从整个画面来看，井上的世界所占空间较小，大概只占1/5，而井下的世界所占面积更大，这表明作画者对井下世界更喜爱、看重。作画者把井下世界塑造成世外桃源，宁静、平和、没有竞争压力，而且她在这个世界中可以悠闲地垂钓，可以吃到妈妈用自己钓的鱼做的晚餐，和一家人饭后散步。这是作画者的一个美好愿望。在井下的世界，作画者拥有整条船、坐拥一片湖，那是一个广大的、自由的空间；而在井上的世界里，她只拥有一张书桌。那是一个狭小的、没有自由的空间。如果可以选择，她更愿意生活在井下的世界中，这个世界寄托了她美好的愿望。

有意思的是，平行世界会有交错，湖和鱼就是交错在两个世界中的事物。作画者有意构建了这种交错，即使处在井下的世界中，也提醒着自己另外一个世界的存在。

时空之井

图1.28是一位16岁男生的图画。整幅图画是采用俯视的视角，褐色代表着井口，这是作画者从井口看到的井中世界。

“在时空错乱的通道虚空，无数破碎的空间节点构成了一个神奇的时空之井。这口井中，层峦叠嶂、生意盎然，现代化的高楼、高速铁路和汽车与自然同时并存。本少坐着一个降落伞，悠闲地飘浮在空中，看着自然与现代、东方与西方的交融，为这一切感慨：这是一个多么充满诗意的、完美的、多元化的世界啊！”

在作画者的描述中，不难看出他对井下世界的赞美，反衬出他对现实世界的不满，因为现实世界没有做到自然与现代化、东方和西方的平衡和交融。从构图和乘坐降落伞的举动来看，作画者充满了创意。从俯视的视角和降落伞来

图 1.28

看，作画者只是井下世界的过客，井下世界不是他会长久停留的地方。

作画者的思想也很深刻，评判世界的标准很哲学：人与自然的关系、对文化的做法、对多元化的包容性。这对一个高中生来说是难能可贵的。

死者的世界

井代表死亡。中国文化讲究入土为安，所以地下的世界也是死者的世界，而井可能是一个通道，可以联接生死。另外，井本身也会和死亡方式相联系，如投井而亡。这种死亡方式常带有深重的冤屈感。图 1.29 是一个 17 岁的男生所画，题目就是“另一个世界”。他这样描述：

“一个人偶然从一口井跌下去，到了另外一个世界。在那里他见到了自己已逝的亲人。那些人驾着祥云，脸上总有微笑。整个世界很安静，彼此之间仿佛都只是用微笑来传递某些信息。这个人开始呼唤他的亲人，却发现他的亲人怎么也听不到他的呼唤，仿佛彼此之间有着一层无法传声的玻璃。这个人悲痛地离开，却无奈，却再也回不到那口井，回不到这个世界，于是梦醒了。”

在画中弥漫着一种悲伤，这代表的可能是对去世亲人的怀念。他画出了生死两相隔的场景。作画者非常清楚死亡是另外一个世界，所以他呼唤无果。但

图 1.29

他愿意把这个世界想象成安静而祥和的世界。这是一种祝愿。不知道在现实中发生了什么,让这位高中生有这样的触动,开始思考生死之事。生死是人类的终极命题之一,而亲人的生老病死则是每个人历经的功课。这门功课对很多中学生来说很遥远,但对这位作画者来说,似乎已经有所触及。衷心希望死亡教给他的和生命教给他的一样多。

水下的千年古城

井下的世界中也会出现沉船、古城和废墟等,而这些常和逝去的时光、封存的记忆有关。图 1.30 这位女生所画的井底世界就是一个典型代表。

作画者说:"这是一个伟大城主修建的宫殿,几经兴亡,后来被埋在水下。而一口井刚好打通了它。我正在潜水,探索这个古城的中心。有龙饰的柱子、凌乱的石头和断垣残壁,还有印章、珠宝和石头,以及空阔的水。它非常空旷、

图 1.30

幽深和神秘。”

前文有提及：井下世界其实也是我们的潜意识世界。这位作画者画了一个宏伟的水下宫殿，意味着她的潜意识领域也非常宏大。可能象征着她童年所经历的部分，而她其实就是那个伟大的城主。只是她太久没有拜访和探索过这一部分，所以它成为了一个被遗弃的水下世界。水下千年古城，这是一幅充满了沧桑感、历史感和时间感的画面，作画者其实也画出一种集体无意识，画出了人类经历过的桑海沧田。

作画者是一个充满创意、想象力非常丰富的人。在拥有全局观的同时，还很关注细节。

井中的秘密

井可以代表人们的孤寂感、与世隔绝感、被遗忘感甚至被抛弃感、被遗弃感。井是一个独立的空间，它与外在世界是隔离的，常会让人体会到孤独和寂寞。有些人会利用井的封闭性和狭隘性，把井当作隐藏自我的空间。图 1.31 这位女生所画的井，就代表着把自己隐藏起来。

作画者说：“我画了一个被封盖的地下井。为了保护自己，我决定在心中建

图 1.31

一个心井，来掩藏我的秘密。井中藏着一个'我'。我坐在自己隔空搭建的架子上，将自己的秘密和一些说不出来的东西放进小桶里，准备把它放进水中。水中已经有了我好多奇形怪状的秘密和苦恼——那是我不愿与别人分享的我的东西。井外，太阳正冉冉升起，轻风刮着井盖，将要刮起它。最终，风刮走了我的井盖，让我的心在太阳光下变得明亮。于是在太阳的帮助下，心井消失了，成了一个我心底与外界敞亮的窗口。"

这是一段让人感动的文字，因为作画者通过画画和写作，在进行着自我疗愈。借着图画，她描述着在自己身上发生的一些事情：她常有孤独感和不安全感，她不愿意与别人分享自己的苦恼和其他事情。她常用的方法是把所有的事情压在心底，不与别人交流。也许在别人眼里，她有些孤僻、郁郁寡欢。但当她得到别人的鼓励、支持和温暖的关怀时，她愿意敞开心扉，和别人沟通。

如果你身边有这样的同学，请给他(她)们多一些关心、多一些耐心，多给他(她)们一些时间，接受他(她)们拥有自己的小秘密，他(她)们依然可以成为与你交心的好朋友。

黑洞

黑洞原本指在宇宙空间中存在的一种质量相当大的天体,它的质量是如此之大,产生的引力场是如此之强,以至于任何物质和辐射都无法逃逸,就连光也逃逸不出来。由于类似热力学上完全不反射光线的黑体,故名为黑洞。而在心理学中,"情感黑洞"被借用指吸取我们心理能量的事物。

情感黑洞的心理学含义很多,主要有积极意义和消极意义两方面。

在积极意义上,它有以下含义:一是代表着给予周围能量的源泉;二是代表着世外桃源,内在自有其美好;三是代表着自给自足的源泉,包括光明;四是代表着诞生或重生。

在消极意义上,它有以下含义:一是代表着攫取人们情感的某个人,如家庭成员或有情感纠葛的某个人;二是代表着人们能量被固着的某件事情或经历,如丧失亲人、失恋、被团体遗弃等;三是代表着个人身上难以克服的一些缺点,它消耗着很多心理能量;四是代表着某种环境、社会压力或情境,给人很强的压迫感,甚至会带来死亡。

作画的主题是:"情感黑洞在这里指吸取我们心理正向能量的事物,可能是一件事情,可能是一个人,可能是一段经历或回忆,可能是一个习惯,请用情感黑洞的画面把它表现出来。"

诞生

图1.32的作画者是一名高二学生。整个画面都充满了色彩、云纹和点,画面缤纷,散乱中有序。画的左面是一个漩涡状的云团。作画者描述道:

"宁静的星空,不知过了多久,终于有人打破了这寂寞。我——诞生了。星空中充满了欢声笑语,我自由地遨游在星空之中,探索发现宇宙的奥秘。一切是那么的美好、幸福。宇宙!人类永远都不能探索完。我画的只是宇宙的一小

图 1.32

部分。人类在宇宙中不断探索发现。我在宇宙中遨游，非常兴奋，因为我是在这个宇宙中诞生的。而凑巧的是，今天是我生日。”

如同作画者所言，以“诞生”为主题的这幅画充满了动感和生命力。暖色系和曲线线条的运用增加了活力。黑洞不黑，而且也不封闭，它在旋转，而且和外界发生着互动。这幅图画生动地表达出作画者对生命本质的理解：生命是从无到有的。生命的诞生是宇宙的奇迹。他就是在这个宇宙中诞生的。生命是值得庆贺的，他的降生是被欢迎的。他愿意探索这个给予他生命的宇宙。

正向能量

图 1.33 的作画者是一位男生。整个画面是彩色的、呈放射状的。核心为金黄色和橙色，灰色为过渡色，四个角分别是蓝色、绿色、褐色和红色。作画者写道：

“中心的金色是人们心中的黑洞。蓝色是人们看到大海的心情。绿色是人们看到青山绿水的心情。红色是人们看到喜欢的东西时的情感。褐色是人们看到敬重的人的敬畏之情。这四种情感会被黑洞吸进去，放出正向的能量，感染周围世界。”

图 1.33

整个画面都被色块填满。颜色很多,但很有秩序,在空间的分布上各有其位,可以看出作画者在平时的生活和学习中也会很好地安排自己的时间、安排自己要做的事情。

图画中非常重要的一点是转化。当人们的愉悦、欢喜和敬畏被黑洞吸收后,会转化为正向的能量,再次发散出来,并且穿透那些厚厚的灰色,到达周边的世界。可以看出作画者是一个充满了积极思维的人,并且愿意用积极情绪影响周围的人。

网络之网

图 1.34 是一名男生所画。画的题目叫“网”。作画者这样描述自己的图画:

“画上四个青少年被网络吸引,沉迷网络,无法自拔。这网络就似一张网,使他们无法逃开。这张网的范围很广,杀伤力大。这张网由心而生,也由科学

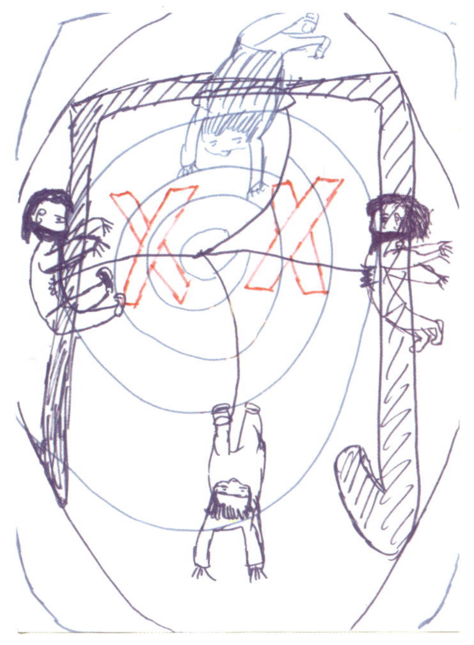

图 1.34

而生。它一直备受关注，只是不同人有不同的看法，我想它不会消失，但可以控制。”

画面分成了不同的圈层，一圈又一圈，代表着网络的牢固性。而四个人来自四个方向，代表着各种人都可能被吸进这个网。四个人中有两个人的姿势呈现出被动和无助，有两个人似乎是主动扑向网中。网的正中，两个红色的“×”格外显眼。

网络像一个黑洞，这个比喻非常形象。作画者看到社会上和身边的现象，对网络成瘾的危害有感受，同时还有深刻的思考：网络本身是中性的，只是使用不当的话，它会成为黑洞。这是非常客观而理性的看法。对高二的学生，有这样的清醒和深刻，非常难得。

竞争的黑洞

图 1.35 是一名女生所画，是一张铅笔画。在不太圆的黑洞中，有无数多的

图 1.35

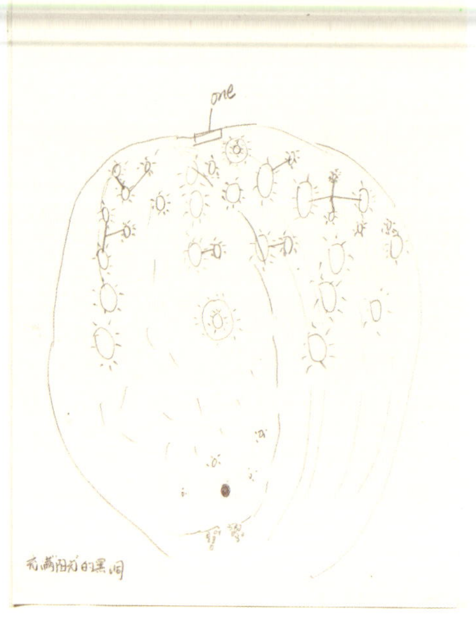

太阳，所有的太阳似乎都顺着一定的轨迹在运动。作画者写道：

“无穷大的黑洞里驻入了很多发光体，他们共同向前进发，探索奥秘。有的携手前进，有的却落单了，有的都还没有挤进来。我是落在最后那个。进校后我就一直在努力，但和别人实力悬殊，远远落后，害怕、顾虑、担忧充满了所有发光体。内心有太多的积怨无法释放。”

这个黑洞看上去是学校，小小的出口是唯一的，代表着千军万马过独木桥。其实质是竞争。竞争有其提高斗志、激发人向前的作用，但过度的竞争会让人产生自卑、不安全感、恐惧、孤独感和被遗弃感。这些情绪会形成黑洞中最黑的那部分，并且把所有的激情、梦想、憧憬、友谊和温暖的支持都吸走。作画者当下的感受就是如此。单个发光体很难改变黑洞，也无法逃脱黑洞中的命运。作画者有很多的无奈。

画中的亮点在于黑洞中的个体都是发光的，而且有些发光体之间还相互支持。作画者把同学和自己都比喻为发光体，自带光和热，有温暖有光亮。这样的比喻代表了作画者对自己和同学的评价都较为正向、积极。

地下室

地下室本是房屋建筑中的一部分。在心理学中它有丰富的象征含义，以下列举其中一些：

一是象征着人的潜意识。如果说地面上的房子代表着我们看得见的意识部分，那么说隐藏在地底的地下室代表着我们看不见的潜意识部分就非常恰当了。从地下室的结构、材质、大小、明暗和性质，常常可以判断出作画者的内在状态。

二是与过去、回忆、记忆和逝去有关。人们常把痛苦或欢乐“埋藏”起来，过世的人会被安葬，这些使得地下、地下室可能和追忆、隐藏、告别和死亡等联系在一起。

三是和梦想、世外桃源、幻想和逃避等联系在一起。有时候由于现实世界的不如意，有人会通过地下室来逃避或回避，在那里建造自己的梦想世界。有时候，这是一种积极意义的建构，而另一些时候，这是一种消极意义的逃避。

四是和恐惧、伤害联系在一起。地下室是黑暗的，而且在地下，有很多恐怖的怪物、妖魔，有很多未知的伤害都是在地下发生的。

作画的主题是：“想象你自己进入到一个建筑物的地下室中。这个地下室是怎样的？”

收藏了童年的地下室

图 1.36 的作画者是一名女生。她的图画分为地面和地下两部分。地面上有太阳、蓝天、白云和花草，地下有灯光、玩具、书本、羽毛球拍和字母表，最右面还画了台阶。作画者描述道：

“我的地下室收藏了我的童年。温暖、充满欢乐、干净。里面有一盏灯。放着小时候父母为我讲故事的故事书，自己看到过的书籍，自己在门口放的一个字母表，这字母表让我想到自己学习时的快乐和艰难。建造地下室用的材料是

图 1.36

水泥、石头和砖块。”

这位作画者的童年是幸福的，目前的心身健康总体上不错，但和童年相比，可能现在的幸福感没有那么高。她更怀念的是童年，以及童年的幸福感。在对童年的回忆中，游戏、玩耍占据了更多时间。

她的画面结构清晰，画面安排和布局恰当，这反映出她在现实中对时间和空间的驾驭能力：做事情井井有条，能够在规定的时间内完成应该做的事情。从画中所强调的光亮部分来看，她能够感受到别人对她的关爱和提供的帮助，并且能用恰当的方式回应。

从整体用色和布局来看，作画者较为乐观地看待这个世界，拥有正性的能量。

五彩地下养猪场

图 1.37 的作画者是一位男生。整个画面几乎被画满。画面的重心在左上角的彩色猪区域，可以看到有不同颜色的猪，其他的区域都是为了这些猪的福利而设置的：猪的右边是食料储存区，有冷藏功能，让猪吃的食料不会变质。右上角的水是泉水，给猪喝的，十分清凉、卫生，猪喝了不仅不会生病，反而会生

图 1.37

长。画面当中那些散布在各处的红色植物，是为了让猪呼吸顺畅、皮肤光滑。画面左下角的绿色区域是粮食种植区，新鲜的粮食让猪的心情愉快。右下角的标有“洗”和“杀”的区域，是洗猪场和屠宰场。最右边出口处停放着一辆货车，应该是用来运载猪肉的。

作画者写道：

“这里有人造阳光使室内光亮，冬暖夏凉。整个建筑物是用金刚石制造。猪在这里空气清新、丰衣足食。”

看了这幅画、听了作画者的介绍，可能很多人都有一个想法：这里的猪猪真幸福啊！如果猪都生活在这样一个人性化的世界中，那里的人会有怎样的生活呢？所以作画者在这里描绘的是自己渴望的世外桃源：环境舒适优美，衣食无忧，自在祥和。虽然最终的命运不可改变，但过程变得享受了。这不是提供给部分特定者的特权，而是整个系统或整个社会都享有的福利。这位作画者希望整个世界变得更美好，他本人的生活也更幸福。

阴暗的地下室

图 1.38 是一名男生所画。画的左面是一扇门，画面中正中是一盏灯，墙上

图 1.38

挂着两排工具。右上角是一只蜘蛛吊在自己的网上，一扇窗开在蜘蛛网的右边。蜘蛛网的下方有一只老鼠洞，有一只老鼠正在洞外觅食。老鼠洞的左面有一个袋子，右边是堆放在墙边的桶，共有六只。作画者这样描述自己的图画：

“房间是阴暗、潮湿和恐怖的。地下室是用混凝土建成的。我对图画不是很满意，因为没有表现出阴暗、潮湿的特点，因为我画了灯光。”

整幅画中的生机在于灯光、老鼠和蜘蛛。门和窗都特别小。但作画者对于灯光是纠结的，想要画出阴暗，但却画了灯光。这表现出作画者潜意识中的双重性：既有内在的恐惧、抑郁、不自信和自我封闭，但也有克服这些的意愿和部分资源。作画者画灯光时非常潦草和粗糙，但画工具时却非常细致和耐心，这其实也是这两种状态斗争的体现。工具本身也象征着作画者需要的资源。

这幅画是非常典型的阴暗与光明同在的地下室类型。当地下室的意象发生变化时，作画者内在也会有变化。

征服、乐土和死亡

图 1.39 是一名男生所画。画面整体偏下，画的是地下的世界。看上去被分了两层：一层是以红色为基调的不规则矩形，作画者站在太阳上。下面一层，

图 1.39

有月亮，还有两个长眠在地底的人，看上去是一男一女。作画者写道：

“太阳照在儿童玩耍的地方，我要征服这个世界，于是我站在了太阳上。但在这片乐土之下有些死人，那是因为我要征服世界一定会有死亡。有一些人在这片乐土上生活。我在快乐的同时又很孤独。”

这幅画第一眼看上去很平淡，但听了作画者描述的场景，可能就会有不一样的感受。作画者是在用象征的方式讲述自己的成长史：在他一直被别人“征服”的现实面前，他的内心始终有一个相反的声音，他幻想着“征服”这个世界，甚至做好了为此付出代价的准备：要牺牲掉一些自己认为重要的方面，同时变得孤独。

从总体看，这是一个内心充满矛盾的作画者。他的内心和外在世界脱节。他有时会表现出和年龄不相称的幼稚。他和别人互动时会有比较极端的做法。

如果有条件，建议作画者可以找心理咨询师做一些沟通。

钥匙

钥匙是现代人生活中必不可少的组成部分，学生有教室的钥匙，家人有家门的钥匙，工作者有办公室的钥匙。在心理学中，钥匙可以有多种含义：

一是象征着途径、路径和方法。这常和锁联系在一起，一把钥匙开一把锁，锁可以代表着现状、遇到的困难或困境，而钥匙就是解决的路径和方法。

二是象征着愿望。有一些事情我们在现实中无法做到，但仍有意愿和愿望，钥匙常常承载着愿望的功能。

三是象征着每个人当下成长阶段最重要的命题。由于不同年龄的人会拥有不同的钥匙，所以钥匙本身也常用来代表人们当下最需要解决的问题，如学生群体的图画中常出现和学业、长大有关的钥匙，而工作群体常会出现与新房、新公司和新办公室等相关的钥匙，这是与他们面临的年龄、需要完成的心理成长、社会责任有关的。

四是象征男性和男性性特征。按照弗洛伊德的精神分析学说，所有凸起的事物，像柱子、拐杖等都有可能成为男性性器官的象征，钥匙的形状也可以用来象征男性和男性特征。

分析钥匙的图画，可以从其整体构图、大小、形状、颜色以及与周围景物的互动等方面考察。另外，还可以看钥匙本身的性质是积极的还是消极的、能打开锁的还是打不锁的、是为了进入一个空间还是为了从一个空间出去。

图画的主题是："想象你有一把钥匙。这是一把怎样的钥匙？"

挂在树上的钥匙

图 1.40 的作画者是一名女生。画面的主体是一棵大树，郁郁葱葱，右面的树杈上还有一个鸟巢，里面有三只小鸟，嗷嗷待哺。两把小小的钥匙挂在左右两边的树枝上。在画面的左下角，一个人的影子正走出画面，在他身后有一些飞舞的文件和纸张。作画者讲了这样一个故事：

"从前有一个人，他每天回家都被迫做一些自己不愿意做的事情，他总是不快乐，他的世界只剩他单调的生活。有一天，他终于无法忍受，把家门的钥匙扔在了极高的树枝上，把那些扰乱人心的文件全部丢掉。他的愿望终于可以达成，可以好好放松一下，不再被枯燥的生活压得喘不过来气，而钥匙也可以不待在黑黑的包里，可以看一下不一样的风景，一睹世界的美丽。这两个愿望同时

图 1.40

达成了。”

这幅画中的钥匙代表着“愿望”，具体说来，代表着过自己想过的生活，做自己想做的事情。而这幅画所表达的主题是“希望独立”。作画者透过图画和故事，想要表达的是对现有生活的反抗，对家庭的反抗，对现状的反抗，这背后的力量来自于“成为自己”的信念。也许有一天作画者会领悟到，不用丢掉钥匙也可以过自己想过的生活，但在她当下的年龄，“丢掉”这两把钥匙——象征着与家庭做心理上的分离，象征着与听从他人的生活做分离，可能是必要的。而那棵郁郁葱葱的大树，代表着独立后的成长。非常富有生命力。

成功的钥匙

图 1.41 的作画者是一位男生。画面非常简洁，用图配文的方式表达了一个道理：成功这把锁是靠努力、奋斗和坚持不懈的钥匙来打开的。作画者写道：

“钥匙是由努力、奋斗、坚持不懈等精神汇聚的。它会让有恒心的人走向成功。在成功之门的背后，是一个美丽的世界。未来的我，希望能得到这把钥匙，走向成功，让人生更精彩、更有价值。”

作画者所说的话，是很多长辈、家长或老师说过的话。他是一个擅长听话

图 1.41

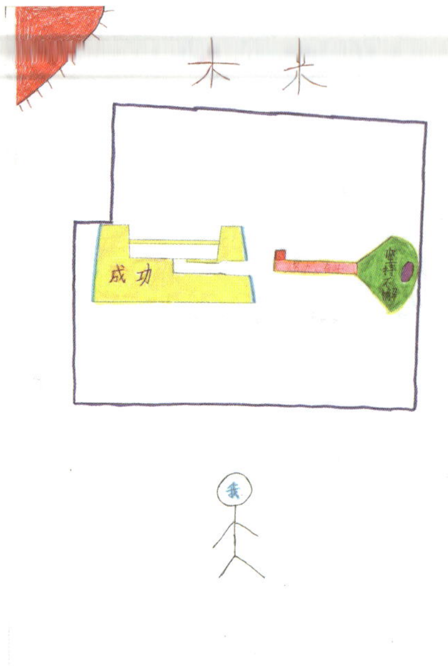

的男生。通过图画来表达这样的含义，可以看出这些信息已内化于这位作画者心中。如果他真的理解这些并按照其含义去行动，那会是非常了不起的。

从其构图和画法来看，这位作画者做事过于强调规则或规矩，有时会比较刻板，在想象力和创造力方面还可以更多一些发展。

被钥匙控制

图 1.42 是一名女生所画。画有几重方框，最核心的是一只箱子和一把钥匙。箱子装在柜子里。它的下面是一个漩涡，周围是其他危险的机关。这些事物的外面有一个方框，方框的外面还有一层篱笆一样的事物。而在画面下方，是很多的水——柜子漂流在海上。作画者讲了这样一个故事：

“我在我家的储藏屋里找到了一个满是灰尘的箱子，箱子里只有一本书和这把钥匙，我把它拿了出来，放进了随身的口袋里。我好像被钥匙控制了，走到了一片满是废墟的基地，从地里刨出了一个精致的木盒子。钥匙突然从口袋里

图 1.42

蹦了出来，打开了木盒子，把我带进了一片坟墓，然后钥匙突然掉在了地上，我怎么跑也跑不出去。我和钥匙一起死了。死之前，我的手里紧紧握着那一把钥匙，流下了最后一滴眼泪。”

可以看出，作画者的想象力非常丰富，内心世界也非常丰富。她在语言描述上非常生动细腻，有很强的表达力，但在图画局部的处理上却比较粗糙和随意，所以她做事情会有两面性：有时会非常细致，有时会非常粗心。

尽管这个故事是想象出来的，但图画和故事仍然可以反映出作画者强烈的不安全感和被控制感，图画中钥匙和箱子被层层包裹仍然觉得不够，还让其到大海中漂流。这种不安全感可能和作画者过于敏感的特质有关，由于她的细腻和丰富，她对环境和他人行为的反应有时会过度，这会让她有被误解、被伤害和被控制的感觉，因而会倾向于把自己层层包裹。

作画者是一个悲观主义者，她画的钥匙是打不开锁的。钥匙的本质是为了开锁，但她的钥匙把她引导到了死亡的墓地，把她关在了死寂的空间。打不开锁的钥匙其实是作画者的自我设定和限制。

火箭房屋型万能钥匙

图 1.43 是一名男生所画。画面的主体是一把钥匙，分成六截，有不同颜色。画面的最顶端是一个房屋样的物体。作画者写道：

“这是一把火箭房屋型钥匙。由六个圆柱体组成，每个圆柱体都是一把万能钥匙，可以开不同大小的锁。六个圆柱体下面是一个防盗系统，可以设置密码，下面还有一个火箭助推器。最顶端是一个房子，房子上的花有缩小功能，开启后人就可以进去了。这把钥匙来自一个未知的星球，来到地球后因能量耗尽所以强制关机，醒来时失去了记忆。一个人类的小孩捡到了它，教了它很多东西，它很感谢这个孩子。但有一天，孩子的父母因得罪市长而被杀了。钥匙就让孩子拿着它去开了市长的保险柜，拿钱救济穷人。市长大怒，要来逮捕孩子。钥匙便带着孩子回到了它的星球，开始了幸福的生活。”

这幅图画色彩斑斓，构图匀称，在细节的处理上也非常精当，可以看出作画

图 1.43

者做事很有计划，有自我控制力，有始有终，做事仔细，对色彩的敏感力很高。作画者讲的故事也很富有想象力，不论是对钥匙功能的想象，还是故事情节的曲折性、完整性，空间浩大，同时涉及魔法、感恩、劫富济贫、复仇和回归等多个主题。

拥有这么好的一些品质，相信这位作画者的钥匙能够打开人生很多扇大门。

每幅图画都可能有多层象征含义，这幅图画也是如此。除了以上所谈到的内容之外，这把钥匙也可以象征男性的性特征。从这个意义上，这幅图画讲的是作画者性意识的发展。

成为小说或电影中的人物

在这个世界上，每个人都有自己固定的一些角色，如当子女，当学生。但每个人还有无限的可能性，成为其他的角色。

图画的主题是："如果有可能成为任何一部小说、电影或电视剧中的人物，你愿意成为谁？"这个主题运用投射的原理，让人们画出自己想成为的人，而这个人身上就携带着作画者的愿望、理想和梦想等，这个人身上的力量、勇气、善良和美丽等美好品质也是作画者渴望拥有的。

希望父母能够重新在一起

图 1.44 是一位 13 岁的初一男生所画。他对图画的解释如下：

"我画了我们一家三口，妈妈、我和爸爸。我希望这片草地上只有我们一家三口，没有任何人来打扰我们。我想成为一个活泼可爱的孩子，我会认真养育这些花草、树木，让我们这个地方成为绿洲。在我的生活中，妈妈和爸爸离婚了，我心里十分难过。我有了一位后爸爸，但我希望我的父母能够重新在一起。"

整个图画的构图很和谐，前景用绿色的斜线代表草地，两边分别有两棵大

图 1.44

树的侧影,中心画面是三只熊,开心快乐。两只鸟正在飞往左边。头顶上有三片云。

其实,严格意义上,这幅画并不符合题意,因为这不是电影或小说的情节,但显然这幅画的主题对作画者很重要,所以不论图画有怎样的要求,他都想把它画出来。从用笔和用色来看,作画者做事非常有分寸,非常强调遵守规则,有时表现得过于听话、乖巧。在图画中,熊爸和熊妈是要通过熊宝宝联结在一起,他们俩在熊宝宝眼中具有同样重要的地位。他觉得自己需要在家里承担更多责任。"养育花草树木"其实是一个比喻,代表的是要营造更好的氛围和环境,这样父母在一起在的可能性更大。但显然这些超出一个孩子该做的事情的范围。可见,由于父母离异,他开始承担一些不属于他的责任。尽管他有这个梦想,但这幅画与现实差距很大。接受父母离婚的现实,只做父母的孩子而不是管父母的人,可能对他来说是更合适的。

把生人带向死界

图 1.45 的作画者是位初一的男生。他对图画的描述是:

"我画了死神,背着镰刀,在死人的世界。我成为死神之后,会把生人带向

图 1.45

死界。生人是指我所厌恶的人。我会跟死神一样去杀人，但我同时还会救人。死神过着没有幸福、没有挫折、没有苦难的生活。我不想改写这种命运，我愿意享受世俗权力。”

这幅图画有触目惊心的视觉效果：死神身穿黑衣、似乎被血染红、背着滴血的镰刀，眼珠血红，并不直视世人。比图画更让人惊悚的是他的文字，要让那些他厌恶的人去死。图画只是一种想法和情绪的表达，尽管画面和文字都非常强烈，但并不代表作画者真的会这样去做。画中所体现出的浓烈的情绪是：我不热爱这个世界，我仇视这个社会，如果有权力，我会惩罚那些我厌恶的人。作画者有一种很强烈的反社会情绪。但即使是这样，仍然可以看到，他还是一个孩子，因为他非常理想化，他觉得死神过着一种理想的生活。另外画中还有非常亮色的部分，作画者提到画中人也会救人，所以他有很大的区分性，区分好人跟坏人。

当这些情绪通过图画的方式被表达的时候，它是可以被看见的，它是可以被允许的，它是不被评判的，因为它已经上升为艺术表达。

鼓励作画者经常画画，更多地让自己的情绪流淌出来，并且对这些情绪有反思。单纯的表达和发泄有时并不能改变什么，但反思却能够触发改变。

成为派大星

图 1.46 是位初一的女生所画。她这样描述自己的画：

“我画了海绵宝宝和派大星。它们来到了陆地上。它们在一朵向日葵旁，拍下了这张照片。我愿意成为派大星，因为它天真友善。我成为它之后要去水底玩，也要在陆地上玩，邀请我的好朋友和我一起玩。我会盖一个盖子那样的房子，会做一些更冒险、更刺激、令人意想不到的事。我不想改写它的命运和结局，因为它的一生幸福而美好。”

整个画面看上去色彩鲜艳漂亮，具有美感：绿色的底，黄色的海绵宝宝，桃红色的派大星，橙色和黄色的向日葵。从这些信息看，作画者是一位阳光女孩。画面的中心人物是海绵宝宝，占的面积也最大。但作画者选择了成为配角派大

图 1.46

星，其实和她的定位有关。在集体中，尽管她可以成为主角，但让她感到更舒服的是做配角，这让她觉得可以做自己想做的事情。为了说明这一点，她又用了向日葵的比喻：向日葵永远跟着太阳转，她也想做一个向日葵女孩，积极向上，但并不用成为太阳。

给作画者的建议是：可以更自信一些，胆子更大一些。有一些事情不只放在心里想想的，是可以付诸行动的！

金角巨兽

图 1.47 是位初一的男生所画。他这样描述自己的图画：

“画面上是一只金角巨兽，背负银翼，周围是无边的星空。成为它之后，我会游历星空，看遍星空奇景。我会如它一样夺舍。金角巨兽，拜混沌城主为师，得星晨塔，成为地球一脉传人，夺断东河传承，成为最强者，最后成为宇宙之王。”

图 1.47

画面上凌空飞起的一只巨兽，有着翅膀，眼睛是红色的，有一对金角，还有一对翅膀。最为突出的是锋利的牙齿和尖利的爪子。可以看出，作画者的想象力非常丰富，思想所遨游的世界非常大。画中另一个显著的特征是内在攻击性。这种攻击性可能是身体上的，也可能是语言上的。有时攻击性未必是一件坏事，如果升华，它会转化为伶牙俐齿、行动力和进取心等。

九尾狐

图 1.48 和图 1.49 都是由初一男生画的九尾狐，但却是两只不同的狐狸：

“我画了一只九尾狐，它在觅食。我成为它之后，我会带领同伴霸占天下。我想当老大，我想做坏事。”

图 1.48 这只狐狸长着火红的尾巴。“觅食”其实是一种比喻，基本的含义是为了生存而找到食物，但常用来象征寻找最基本的爱，来自父母或照料者的爱。从整个画面和用笔来看，作画者有逆反情绪，有些时候不能自控。他的表述“做坏事”印证了这一点。但是不清楚这种逆反是指向谁的。另外，作画者做事情不仔细，有时草草了事。有时表现出与年龄不一致的幼稚。比较亮色的地方在于作画者关注未来，对未来仍有信心。

图 1.48

图 1.49

图 1.49 的作画者说："我画了一只小九尾。成为九尾之后，我要改变它的一生，做一些异想天开的事，并且我会努力去改变他或她的一生，争取最后的幸福，改变九尾一族的遭遇。"

图画中的狐狸的九只尾巴被细细地画出，用不同的颜色涂上，涂色时也小心翼翼，尽量把每一个弧度都表现出来。可以看出作画者做事非常细致，是一个完美主义者，很多事情做到完美才满意。但有时会因为细节而牺牲整体，或顾不上效率。作画者有宏大的愿望和使命感，愿意承担责任。这与他的谨慎互为补充。

成为傻路路

图 1.50 是打动我的一幅图画，作画者是一名初一的女生。她这样描述自己的图画：

"我画了《到你心里躲一躲》中的傻路路。画中的情形就是在和木零告别的那年冬天，傻路路还是穿着那件灰色的长衫。站在黑色的山岗上，看着木零跟他告别，然后下山，最后不见。最后的最后，傻路路一个人离开了小村。成为傻路路之后，我想，我应该会像他一样吧，虽然会被小孩子骗，但是可以看到自己

图 1.50

喜欢的东西……令傻路路感到最幸福的事情就是那些孩子吃他种的萝卜、烤他的火炉、窝在他的被子里。我不要改写他的结局，因为傻路路就是傻路路，他终究还是要离开的。离开村子，离开山岗，离开木零。然后不再回来。我想，总会有人记起他的，或者木零。”

感谢这位作画者，让我有机会读了《到你心里躲一躲》这个故事，让我有机会知道了作者汤汤。在汤汤的世界里，傻路路是个男性，具有父亲的胸怀和温暖。但在这个作画者的图画里，傻路路没有明显的性别特征，看上去更像一个女性。

画面中扑面而来的是孤单和寂寞感，似乎整个大地上，只有傻路路一个人存在。虽然傻路路在画面上的面积很大，但画中人却没有安放双脚的位置，所以没有画出两脚。这种孤单、寂寞、没有支撑感、不被别人理解，其实也是和作画者有深深共鸣的地方。作画者的内心有非常细腻的感受，有非常纯真、善良的内心，这些也许不被周围人理解。她对人生抱有一种宿命和接受，有着超乎她年龄的睿智和接纳。

整个画面的亮色在于那条稳定的地平线和上面所长的小草。不仅仅因为它是彩色,还因为它非常踏实,让整个画面具有一种稳定感。

从整幅画的用笔风格,可以看出作画者智商很高,做事细致、干脆,讲究效率。可以改进的方面是缺乏行动力,有时想法很多,但行动却跟不上。

希望她可以安心地做一个孩子,可以感受,但不必承担那么多超越她年龄的重负。

门

在这个世界上,每个人都会面临或跨过无数道门。每一道门后面都有一个世界。

门是一个寓意深刻的象征物,它可以有多重心理学含义。门后面可能是新世界,也可能是旧世界。可能是目标,也可能是困难或挫折。可能是理想,也可能是幻灭。可能是庇护所,也可能是监牢。每个人的门都不同,因为每个人当下所面临的人生功课都不同。

图画的主题是:"想象你面前有一道门。这会是一道怎样的门?"

一半红一半黑的巨门

图 1.51 共用了四种颜色:绿色的草地,金黄色的光芒,门的左边是红色的,门的右边是黑色的。作画者写道:

"一扇半红半黑的大门,在绿地上闪着金色的光芒。这是一扇赤铁掺赤金打造的巨门。门现在是关着的,但它可以打开,需要用人性的光辉和黎明前的黑暗。这扇门的名字叫'心之闸',因为现代社会人格扭曲、人性冷漠。"

作画者有一种深邃的洞察力,她看到了一些社会现象,并且有自己独特的思考能力。她的视野很宏大,并没有仅仅局限于学校和家庭,而是看到了整个社会。因为这扇门代表着整个社会的人性和良知,所以它非常巨大,而且是用很重的金属打造,更加难以打开,需要很多人一起才可能打开。

图 1.51

尽管作画者提及社会中的负面现象，但红与黑之间有一种平衡，而且整个画面是暖色调的，绿色的底、金色的光代表了作画者还是充满了乐观，相信这个社会的善良和人性化。

关着的心门

图 1.52 的主体是一颗心，分成两半，左边一半里有人，右边一半空着。心的外面是一些淡灰色的线条。作画者写道：

“这是一道心门，里面全是黑暗的。大到足够让我与世界隔绝。门是关着的，但它可以打开，当我遇到一个和我有着相同遭遇的人时会打开。我在心门里，周围很空旷，我在门附近，就在里面待着。但我的情绪很沉重。我希望里面有面墙，我想靠着它。”

作画者画出了自己的孤独、寂寞、情绪低落和没有支持感。他把自己关在心门里面，因为那里是安全的，但他只是一个孩子，他想要获得支持和依靠，哪怕只是一种支撑。他也渴望打开心门，但他觉得别人不会理解他的经历、想法和困难，只有那些和他有同样经历的人才有可能理解他，从而进入他的心门。他其实就在那扇关着的门后面，随时准备好打开门或走出门，但他只是在那里

图 1.52

被动地等待。

也许这位作画者可以尝试不同的策略，自己走出门去看一看，可能会有不一样的感觉。门打开之后，就会有光透进来，有光透进来心门里面就敞亮了。如果自己愿意被别人了解的话，被别人理解也许没有想象中那样困难。

两扇门

作画者说："本想带着小狗出去玩，却遇到下雨，无奈只好回到门里等待雨过天晴。门里还有一扇门。门外有棵苹果树。天空有乌云，下着雨。门是钢门。第一扇开着，第二扇关着，很难打开。"图 1.53 中最深的颜色是天空的乌云，最亮的颜色是画面下方的人、狗以及右边树上的苹果。

整个画面反映出作画者感受到很大的压力，本想放松一下自己，却在压力下无法放松。天气常象征情绪，下雨象征着低落的情绪，而雨过天晴代表着情绪好转。从树上的苹果来看，作画者有一定的目标，有收获感，但面临的压力仍

图 1.53

然很大。不光天上有黑沉沉的乌云,还有推不开的门。他已经费劲地推开了一道门——钢门是很不容易推开的,但他已经进入第一道门,只是另外一扇需要他付出更大努力才能打开。

第二扇门可能代表学业,也可能代表目标、理想,但显然是非常重要的门。门所占的面积要比人物大很多,更加突显了进门的难度。

这两道门也可以用来象征作画者设置的人际边界,外在的边界是比较容易进入的,但内在的边界轻易无法进入。这两道门也可以象征作画者对于自我的了解,他可以了解自己比较外在的部分,但对内在的很深的部分就比较难以了解了。

星门

作画者说:"我站在第一扇门的门口,我的影子映在门内。图画是破旧的门中门,第二扇门后是星空,那是我小时候的幻想。"

图 1.54 是用铅笔画的,因为作画者想要表现非常细腻的局部,第二扇门上的那些装饰纹路、门缝中星空的浩渺和玄幻。积极的信息是:作画者已进入了第一扇门,那是一扇很大的门,他刚刚跨进来,因为影子还映在门口。第二扇门

图 1.54

已经打开，这也是非常乐观的一个信号。

作画者之所以把门描述为“破旧的门”，“破”和很少有人光顾、打理有关，象征着他之前没有探索到自己潜意识的这个部分。“旧”和作画者所感受到的时空感有关：这是有悠长历史、历经沧桑的门，是有年代的门，所以会显得旧。从这一点可以看出作画者的时空感是非常深邃的。而门外的星空，则是一个浩瀚广袤的世界。这种天地玄黄、宇宙洪荒的深邃时空感对一个少年来说是十分难得的。

阻挡进门的力量

作画者说：“我踏上红色的地毯，努力向那扇门走去，可总有一股力量阻挡着我。那扇门是木门，而且上面红绿相伴，充满生机。门是开着的，我就在门的旁边，我非常想进去。”

图 1.55 是一幅形象生动的图画：迈向这扇门的道路是充满荣誉和万众瞩

图 1.55

目的，同时也是有压力的，红地毯表达了这些信息。那扇门那么美，门后的世界是充满生机的，作画者心驰神往，并且在努力向前。他对进门的向往和意愿，从画中人向前拼命伸出的左手臂可以看出。那扇门代表他的目标、愿望或理想。

画中引人注目的是那只拽住画中人的巨手。和画中人的手比起来，那只手又大又有力量，而且胳膊非常粗壮，这只手紧紧捏住和抓人拉住画中人。不知是不是由于这只巨手的力量，画中人右胳膊显得比左胳膊更细、更短，因而更无力。

那只巨手代表什么？可能是外界一些人的拖后腿、不支持和反对，也可能是一些事情，也有可能是画中人自己内心的某些情结，如不自信、自我评价低等。作画者可以自己去领悟画中的信息。重要的是这些信息对坚定他的决心、增加他的勇气有用。真心祝愿他能够跨越这扇门。

监狱门与创造门

图 1.56 非常简单，但作画者的文字却赋予了它深刻的含义：

“这是一扇被锁上的门，是一扇铁门，门已经生锈，但锁却没有生锈，像一把新锁。这扇门既像一个监狱的门，也像一个被废弃很久的花园的门。门里只有

图 1.56

一扇窗，没有一点阳光照进来。外面的世界很精彩，但我只能看见门外的石板路。我每时每刻都想着走出那扇门，但都碰了壁，每天只能透过那扇窗眺望外面。如果给这扇门起个名字，可以叫'重生门'，也可以叫'创造门'。这扇门从小就有。原来这里有很多门，但大部分均已被打开，可惜就是这扇门未被打开。"

整幅画在讲这样一个故事：作画者感受到禁锢、不自由和受束缚，而且这种禁锢仍将持续，他感受不到什么希望（铁门、新锁）。不论是从构图、颜色还是文字描述，都表达了作画者一种消极的情绪。这种消极或许是他气质中的，或许是他经历了很多次失败后养成的习得性无助，或许是别人的观点但被他内化为自己的禁锢。从画中无从得知禁锢作画者的究竟是什么，是从小父母给出的禁令？还是自我价值观的不允许？但作画者可以用心体会。如果他真的能够突破这种禁锢，他就会爆发出巨大的创造力，拥有全新的生活，因为那扇门是重生门、创造门。

任意门

图 1.57 是一幅女生画的图画，充满浪漫气息：画面上部是烟火，中间是海洋，海洋上还有一艘船，左下部有三个女孩排排坐，面朝大海，下部是沙滩，右下角是一扇桃红色的门，上面有一颗心。作画者说："这是一扇木质的门。这是我装修新房时买的一扇门，我发现它能够通向任何我想去的地方，我可以一会儿在中国，一会儿在外国，一会儿在公园，一会儿在亲人身边，一会儿在朋友身边。画面上我和两个朋友在晚上去海边看烟火。我们在一起很开心很开心。"但在这么快乐的图画后面，隐藏着作画者的担忧："看到身边太多人与事的变迁，看到朋友家人离之而去，我也害怕以后有一天突然与他们天人永隔！"

绚烂到极致但同时瞬间逝去的烟花，排排坐到亲密无间的程度，仍然提示着逝去和分离。这扇门其实是作画者想要拥有的安全感，随时随地确保亲人和朋友在她身边，她在他(她)们身边。她害怕分离，所以选择和朋友在一起。但烟火的含义是"转瞬即逝的美好"，她无法抓住，无法让美好的东西永远不逝去。正在航行的船也是一种象征：越行越远，还有更远的地方要去。对作画者而言，与其到外界去找安全感，不如在自己内心找安全感。

图 1.57

那扇门也投射了作画者的全能感，因为那扇门是一扇魔术门，能够帮她实现自己的心愿，随时和喜欢的人在一起，随时去自己想去的任何地方。

黑暗之门

这是一个男生所画的画（图1.58），展现了门里门外两个世界：画面的下部是龟裂的大地，画面的中间是两扇打开的门，门的上方有闪电，门的外面有绿草和阳光。作画者说："这是一扇 black door，它介于光明和黑暗之中。它是一扇木门，是开着的。门的里面雷电交加，门的外边是阳光和煦。我在门槛上，准备进入光明。"

从画中可以读出作画者想表达的含义：他目前所处的环境缺乏关爱和温暖，压力非常大，没有生命力，而且他的情绪非常压抑，情感也是枯竭的。这样充满剧烈冲突的两个世界，他为什么会待在黑暗的世界中呢？他想跨越到另外一种状态中：温暖、充满生命力和希望。他正在这个过渡阶段。作画者没有提

图 1.58

及跨越的难度，但画面给出的信息似乎说明这个跨越充满难度。

谁带我走向通往成功的大门?

图 1.59 的画面看上去比较简单，但作画者通过黑与红的对比表达自己的矛盾心理："黑太阳、红太阳，黑云、红云，黑树、红树，黑人、红人。门是很大的门，钢做的门。门是半掩着的。这扇门的名字是'通往成功的大门'，我在大门外生活着，明知大门是半开着的，但我就没有毅力走进去。我希望有一个人能带领我走进这门内。"画完后作画者感觉心情沉重，因为他无法走进那扇门，因为他担心在现实中无法找到那个引领他的人。

画面中那扇蓝色的门隔开了两个世界。作画者用了很好的比喻：他正在走向成功，但缺乏毅力，可能还缺乏自信、行动力等，他离成功始终有距离。门是钢做的也表明推开是有难度的。他多么盼望有人能成为他的人生导师，带领或推动着他跨越这扇门。在现实中，这位人生导师可能是他的师长、亲人或同学，或者，是他自己。如果他只能自己引领自己，那么他给自己的目标先不要是跨进成功的大门，而是只往前迈一步。每迈出一步就鼓励自己。小步目标法可以帮助他走进成功的"钢门"。

图 1.59

作画者有很好的想象力和创造力，尽管画面构图简单，却把自己内在的冲突、挣扎和彷徨表达得非常清楚。这是他很好的成长资源。

心中圣地之门

图 1.60 的画面上有简单的两扇门，像是几何图形。作画者对自己的画赋予了更深刻的含义："这是一扇石质的门，十分巨大，需要用心灵美、善良、诚实和仁慈去打开。门的外面是荒芜的世界。在荒芜的世界中，有很多人向往美好。一天，在这个世界的中心，出现了一扇巨大的门，门的名字叫'心中圣地'。有的人成功进入，有的人没有成功。里面的人告诉了外面的人里面的美好，更多的人想进入。我希望自己也能够进入。"

这幅画用铅笔画成，没有用颜色，表明作画者做事简洁，和周围事物保持一定距离。作画者可能借用了尺子，整个画面中规中矩，表明作画者有很强的规则感，做事细致，关注细节，追求完美。

图 1.60

从对门的描述中，可以看出作画者对现实的某些方面不满，但又无力改变现实，因此在自己的内心建立了一个新的世界，希望以此隔绝美好和丑陋，并保留美好。

不爱玉门爱木门

图1.61是一位男生画的，画面像是连环画：最左下角有一个桃红色的美女，有草和黄金，有一扇玉门，有一段平路，有一棵桃红色的果树。如此下来像是盘山路一样蜿蜒向上，有一段山路，又有一棵果树。山路继续向上，有树、很多石头、乌云，最终是阳光照耀的地方，一扇木门在那里。作画者的故事是这样的："第一扇门是宽大的玉门，是开着的，我离这扇门很近，门旁边有美女和黄金，但我不喜欢。第二扇门是窄小的木门，是关着的，要经过黑云和山石才能到达。但它周围是青山绿水、白云飞鸟，我愿意走向木门的方向，因为我喜欢宁静、自然，不爱荣华富贵。"

图1.61

作为一名高二学生，作画者知道自己要什么，而且他意志坚定，并且愿意付出努力去争取自己所想要的，这十分难得。这种努力可能是双重的：一是他要有具体的行动，二是他要在别人不理解的目光中坚持自己的选择。如果单纯从选择上看，玉门更符合社会主流选择的标准，所以，作画者的选择和常人不同，这需要有特别的坚持和努力。很多人看重物质的追求，但他更看重精神层面的追求。

只是，曲高和寡，在现实中他可能会处于孤独和寂寞中，因为他所追求的和大多数人不一样。希望他真正理解自己的选择意味着什么，希望他允许自己做一些调整，希望他能喜悦地走向自己的目标。

第三篇　宇宙

多维空间

到目前为止，多维空间还只是科幻小说中的场景，比如说《三体》中就描绘过四维空间，并且说体验过四维空间的人不会愿意生活在三维空间。也有小说描绘到十维空间。现实中没有人体验过生活在多维空间里会是怎样的状况。以多维空间为主题的图画，可以作以下心理学的分析：一是看作画者的想象力，二是作画者会把自己深层次的想法投射到不同的空间中，三是看作画者对现实的态度。

作画的主题是："请你想象出一个多维空间的世界，并请想象出在这个多维空间中人们会做什么。"

由星团组成的空间

图 1.62 的作画者是一名女生。她的图画里有一朵朵旋转云般的世界。作

图 1.62

画者说：

“这是多维空间的宇宙，在茫茫的宇宙当中，每个星团都是一个独立的世界，它们有不同的大小、不同的颜色。每个世界都有自己的特点，有的世界充满了绿色的植物，有的世界也充满了蓝色的海洋，还有的世界充满了阳光。星球之间可以自由地往来，人们可以决定在这个星球上求学，在那个星球上工作，或者到其他星球上去旅行，这是一个和谐的多维空间，我非常愿意在这样一个宇宙当中生活。”

整个画面构图非常简洁，但用色比较丰富，体现了作画者丰富而细腻的内在世界，有较好的审美感。而且笔触非常自由和流畅，体现出作画者较为成熟的做事风格。星球之间看上去相互独立，但蓝色的背景又把它们连接成为一个整体。作画者非常关注人际关系的和谐，既希望拥有个人独立的自由，同时又渴望跟其他人之间的联结和互动。只是这个星团的世界主题依然是孤独，可以想象，在宇宙当中星团之间的联系是遥远的，所以在作画者的理解当中，人际之间有一定距离才是最美的，而这种距离必然带来孤独。

三个空间

图 1.63 的作画者是一位女生。她画了三个空间。作画者写道：

图 1.63

“有三个群体：机器人、普通人类和外星人。他们生活在同一区域的三个地区里。画面的上半部分是组图 1，普通人类与其下方的外星人互相不知其存在，机器人为其共有的劳动工具。而组图 2 是同一时期和组图 1 同时存在的一个平行空间，这三个群体相互认识、友爱团结。我愿意生活在多维空间里，因为生活更加丰富多彩。”

作画者只用了铅笔和绿色来画，色彩上有些单调。画面上的人都有些刻板。这是作画者感受到的现实生活。但另一方面，作画者有丰富的想象力和表达力，在一幅画中表达了多重空间、多个群体的生活状态，而且这些空间里的群体有相似性和差异性。

作画者用了不同的位置来布局她的多维空间，而且不同空间之间界限分明。这代表着作画者在现实中也是这样，不同的事情、不同的人也会被安放在不同的领域里。

多维空间里多了哪些维度?

图 1.64 是一名女生所画。画面的中心像是两块夹板,中间有人,下方也有人。作画者说:

“这是一个人在台上唱歌,其他人在欢呼。这是多维空间的情景,所以会是一个五彩斑斓、声色交融、满室飘香的世界,因为多维空间是在三维空间的基础上,多了声、色和味等空间。我愿意生活在这样的空间,这样的生活会很有趣。”

作画者的想象力非常丰富。她想象了多维空间里到底多了哪些维度,把声、色、味引入到空间维度,这需要创意。不是每个人都有这样的创意想法。生活在这样一个世界中,人的感官说不定也会发生变化或进化,不仅会发展出更强的通感能力(即把不同感官的感觉沟通起来,借联想引起感觉转移),而且会发展出更敏感而细腻的感受力和判断力。那样的世界,确实会非常多元化。

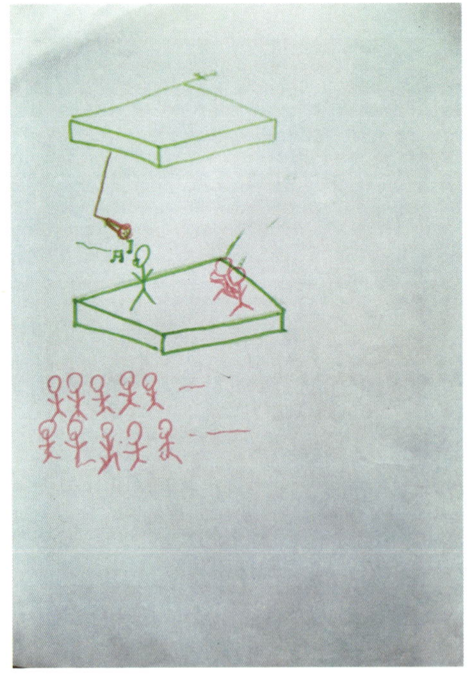

图 1.64

我的不同空间

图 1.65 是一名女生所画。整个画面被分成八个区域，每个区域里都有正在做事情的自己。作画者写道：

“这是我在多维空间里和喜欢的人，做我们喜欢的事。a1 是我在跑步，a2 是我和家人在海边散步，a3 是我在看书，a4 是我在打乒乓。b1 是我在大笑，b2 是我在生气，b3 是我在思考，b4 是我在发呆。我非常愿意生活在这样的空间里，因为自由、快乐，而且又有独立的空间思考。”

作画者其实是借多维空间来描绘自己的生活。被选进多维空间的画面都是有意义的，可以看出作画者是一个喜欢运动的人，运动的画面出现了两幅。情绪的部分也出现了两幅，而且积极情绪和消极情绪都有。

从总体看，在作画者的内心，在学校学习并没有在她的秘密花园中占一席之地，她画的是学习之外的生活，躺在床上看书才是她享受的方式。她接纳自己的各种情绪状态，但就她目前的状态而言，那些要做的事情比情绪本身更重要，所以 a 的图画整体上要比 b 的图画面积大。

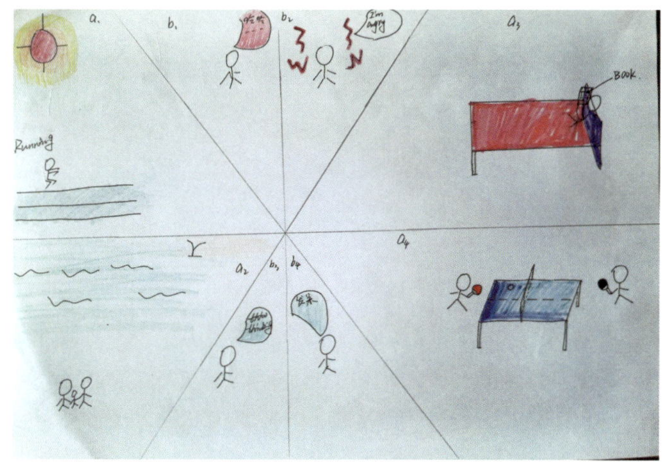

图 1.65

图1.66是一名男生所画。画面上有很多不同形状的几何图形,在一起构成了一个复杂的图形。有一些小小的人在不同的四边形里。作画者写道:

“我画的是多维空间连起来的一个空间。空间与空间紧密相联,但空间过于繁多,可能同时面对多个空间。多维空间的方便之处在于可以进行空间穿梭,空间之间仅有一步之遥,但不便之处在于过于混乱,不好控制。多维空间就和正常世界一样,有现在社会的各种东西,只是空间可以互相看见,上面、下面、左面和右面。我不愿意生活在这样的多维空间里,因为太过于混乱。”

画面主色调是紫色和绿色。整个画面看上去是有序的,但整体上给人以混乱的感觉。和巨大的空间比起来,人显得非常渺小。

可以看出作画者有丰富的想象力,能够设想出这么多维的空间。但正因为如此多,反而让他无所适从,丧失了秩序感,因而不愿意生活在这样的世界中。

图1.66

可以看出作画者非常看重规则、有序和常规，变化太大对他来说不是新奇，而是一种痛苦。他需要有内在的稳定感。

天使与魔鬼

天使与魔鬼常出现在小说和戏剧中，但它也存在于我们自己身上或我们的想象世界中。在心理学中，它常常代表对立的两个方面，或者是价值观念，或者是人格的两个部分，或者是冲突和挣扎的内容。借着这一对对立的概念，可以看到作画者的冲突是什么、是如何处理冲突的。

作画的主题是："请想象出你心目中的天使与魔鬼，并把它们画出来。"

天使和魔鬼同体

图 1.67 的作画者一名女生。她画了两个人，拥有一对翅膀。她们就是天

图 1.67

使与恶魔，静静地待在角落里。她讲了这样一个故事：

“在一个宁静的下午，我在大街上看见来来往往的陌生人都在帮助一个残疾老人，突然心里最柔软的那一处被抨击了一下，便诞生了那个天使，她的名字叫实幻。在几年后，滋生了与她相反的另一面：虚梦。当我遇见一些事情时，她们会保持相反的意见，吵吵闹闹，但我却不想去抑制任何一方，因为她们都是我的念。三个和谐永久地相处，至死。”

画面是美的，那些天上的云彩，细致描画的翅膀，彩色的落花，还有主人公飘飞的衣袂和细致的面孔。故事很有哲理。

如果换成心理学的语言，可以说这是弗洛伊德人格的三个组成部分：超我、本我和自我。天使是超我，和爱、善良、助人联系在一起；恶魔是本我，和恨、邪恶、自私、冲动联系在一起；而作画者的角色就是那个自我，调停两者的矛盾。作画者很有灵气，她知道这两者都是她的组成部分，所以希望它们能够和谐相处。只是，这并不容易，超我和本我并不总是待在角落里，它们都会发出自己的声音。

天使与魔鬼是可以变的

图 1.68 的作画者是一位女生。画面明显地分成了三层：最下面是恶魔，中间是房屋，最上面是天使、云朵和彩虹。作画者写道：

“天使和恶魔本来都是上帝造的，用来保护朴实的人类，但恶魔却妄想征服地球，是邪恶、贪婪和阴暗的，而天使是活泼、可爱和正义、勇敢的。最终正义之光撒满人间，恶魔为天使所感化，一切又恢复原样。”

整个画面层次非常清晰。作画者传递出一个明确的信号：天使和魔鬼可以同源，会发生变化。她仍然相信着正义终将获胜。作画者拥有朴素的辩证观，看到了善与恶之间的转化。

这幅画具有非常典型的心理学象征意义：最底层代表人们的本能、欲望和冲动，而越往上，则代表人们的精神世界、积极向上的追求。

图 1.68

魔鬼在天使的背后

图 1.69 是一名男生所画。整个画面的基调是黑色，只有天使的翅膀散发着金光。画面左边黑色翅膀的那个人是堕落天使。作画者讲了这样一个故事：

"左边那个是堕落天使，他曾经是除了上帝之外拥有权力最大的天使，但因想推翻上帝而堕落。有一天一个天使从天上掉下来，他们相知相遇相爱。有一天，天使找到了向日葵，面向太阳，回到了家，而堕落天使只能拿着黑玫瑰忧伤叹息。从此，堕落天使就专门审判人们的一切罪，因为他渴望看见在尘世遇见的天使，回到他们最初相遇的地方。"

作画者想表达的信息是：即使人们犯了错误，仍然渴望有机会改正错误，找回心灵的家园。"魔鬼曾经是天使"，所以要给所有的人机会，要看到人们心中善良的初心。在他设计的情节当中，天使是可以和堕落天使相爱的，堕落天

图 1.69

使可以成为审判者。所以在他的故事当中存在着很多的转化，并没有绝对的黑与白、善与恶。

魔鬼和天使的真实样子

图 1.70 是一名女生所画。在画面的中央是两个人形的形象，左边的人是黑色裤装，有翅膀，头上有金色的发饰，右腿上有一个单词“end”。右边的人是黑白裙装，有红色的角，右腿上有一个单词“love”。作画者写道：

“左边的是天使小黑，他其实脾气暴躁；右边的是魔鬼小白，她其实很善良。但因为只有存在一个天使，所以她只得当了魔鬼。他们其实是很好的朋友，但因为各有其责，所以必须为敌。他们都戴着面具，因为他们长得一模一样，怕人们分不清楚谁是天使、谁是魔鬼。但当他们在梦中相遇时，就会放下伪装，看着真实的对方，笑了，其实他们还是好朋友。”

从图画的构图和文字的表述可以看出，作画者具有丰富的想象力和富有哲理的智慧：天使会有缺点，魔鬼也很善良。当他们戴上面具的时候，他们是天使或者魔鬼。如果能够看清人们面具下的真实样子，接受自己本来的样子，每个人都可以是天使，大家相互之间都可以成为好朋友。

图 1.70

魔鬼流泪吃天使

图 1.71 是一名男生所画。在画面中央靠近上部的地方,画了一个长角的、巨大的恶魔的脸,张开血盆大口,流着红色的泪,一个小小的天使在它的舌头上。作画者写道:

“一个天使受了伤,一个恶魔救了他,把他带回家。过了很久,恶魔找不到任何吃的东西了,已经康复的天使对他说:‘谢谢你救了我。我没有什么可以报答你的。现在我把我自己给你吃掉,这是我的回报。’恶魔没有说话,因为他很纠结。只见这时,天使渐渐变小了,飞到了恶魔的舌头上,跪着恳求恶魔吃掉自己。恶魔流着血泪,没有咬下那一口……”

图画的视觉冲击力非常强烈,尤其是红色的舌头和红色的泪。故事也非常曲折,恶魔有救助行为,天使有报恩行为,只是命运却非常残酷。可以看到作画者不再用一刀切的方式思考好与坏、善与恶。他隐约看到人在命运面前的无奈和别无选择。不甘心,却又无法改变。有一种痛苦与无奈。

图 1.71

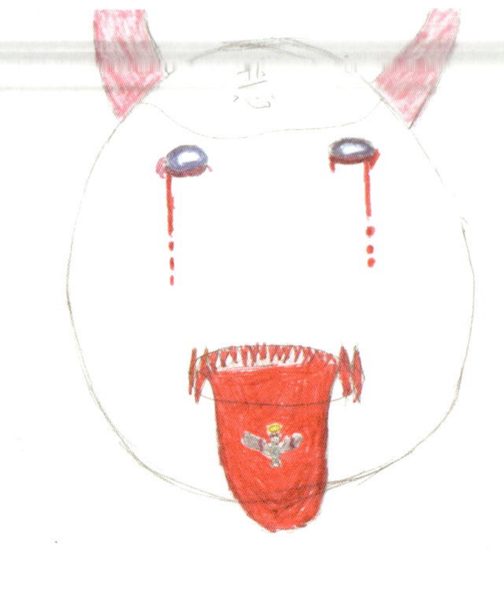

天使与地狱中的恶魔

图 1.72 是一名男生所画。在画面的中心人物是一个长翅膀的天使。画面最突出的是下方的红色人形。作画者写道：

"这是一个纯洁天使活生生被拖入地狱的场景。天使的名字叫'天真'，对任何事情都充满了好奇心。他因为对事物好奇，所以来到了人间，去看、去听、去接受这些事物。有六个恶魔也从地狱来到了人间，他们的名字分别是'懒惰'、'自私'、'狭隘'、'暴躁'、'骄傲'、'嫉妒'。他们遇到了这个天使，天使跟他们成为了朋友。有一次天使睡着后，六个恶魔把天使拖下了地狱。"

从图画的构图中可以看出，作画者赋予恶魔很多能量，全是大红色的，也非常具有攻击性，牙齿和爪子都是尖尖的。而天使相对来说就单薄许多，除了金色的头发和蓝色的眼泪，其他都是用水笔和铅笔画出，在能量上低很多。作画者还细致地表现出天使的无助感、柔弱感和恐惧、悲伤，有眼泪从天使的脸上流

图 1.72

下来。

借着这个画面和故事，作画者想表达：不要和不良习惯交朋友，否则很容易被拖入到地狱。对于一个初三学生，有这样深刻的认识和感受，是非常难得的。

外星人

尽管人们几乎没有机会亲眼见到外星人，但在很多科幻小说中、电影中会出现外星人的模样。我们每个人的内心世界都是一个小宇宙，在我们的小宇宙中住着一些外星人。如果我们不做星际航行，我们可能永远都没有机会认识他们。但他们一直在那里，等着我们的探访。

在心理学中，外星人可以有以下含义：一是代表人们对外在世界未知的那部分的感知，那部分对人们来说是陌生的，借助作画者对外星人的描绘，我们可以看到作画者感受到这部分未知世界是友好的还是邪恶的，自己的情绪是恐惧、担忧还是友好的。二是代表人们人格中比较陌生的那部分，把它们用拟人化的方式表达出来，从图画中可以看出作画者这部分的情绪和其他特征。在人们做梦的时候，梦里面的外星人有时代表着比较陌生的、不熟悉的人或事物。三是借这个主题，可以表达出人们潜意识深处的一些情结或萦绕心头的问题。

作画的主题是："请发挥你自己的想象力，想象出你心目当中的外星人形象。"

外星人无情地灭杀人类

图 1.73 的作画者一名男生。他的图画分为两部分，下半部分是一个地球，上半部分是一只长着四只脚、头上有尖角的外星人。他讲了这样一个故事：

"在 2500 年，地球已经变成只有灰色的陆地和黑色的大海组成的星球。地球已经无药可救。宇宙的执法官雷托斯奉命来解决这颗死亡星球。雷托斯曾经非常喜爱地球，那时它还非常美丽，但现在，他极其厌恶人类，见人便杀，毫不

图 1.73

留情。地球上只有唯一一块绿岛。”

整个画面，尤其是上半部画面，看上去用笔非常凌乱，可以看出作画者内在的混乱和冲动性。很多的线条都是形成尖利的形状，再加上武器，可以看出作画者内在的攻击性。这些部分都在画面的上部，而下部的图画相对来说是比较有序的，这表明作画者对混乱、冲动和攻击性是有一定控制力的。

从作画者的描述来看，作画者希望自己有审判和惩罚的权力，能够惩罚那些对他不公正的、做了坏事的人。他希望自己能够像托雷斯那样有权力、有力量。这可能反映在现实中他感觉自己是弱小的、无力的，常常是任人“宰杀”的对象。

水哥和水妹

图 1.74 的作画者是一位男生。画面的底部是一个露台，中间两个头为水滴形的外星人正在举杯喝酒。画面上部为星星和两个类似月亮的星体。作画者写道：

“这是两个水星人在自家露台上共进烛光晚餐。水哥可以用丑、穷、瓜来形容，水妹可以用丑、呆、胖来形容。两天前水哥由于酒后驾驶，撞上了陨石，碰上

图 1.74

了水妹，水妹救了他。他们都是水星派往地球的外交官，将一起探访地球。他们和地球人语言不通，但相互友好，用无线电波交流。”

画面中只有水妹和水哥是用彩色画出，而其他部分都是黑白色的，代表作画者对这两个人物的好感。作画者虽然把外星人画得很丑，而且也给了他们各种负面的形容词，但作画者对他们并不排斥，反而赋予了他们一个浪漫的故事。这代表着作画者的善良愿望：那些相貌平平、没有优越社会条件的人，最终也有幸福的归宿。只是，作画者的情绪有些无奈和低落。

绿面红身的外星探险家

图 1.75 是一名女生所画。画面的中心是一个绿面红身、长着水滴形脑袋和两只兔子耳朵的外星人。作画者讲了这样一个故事：

“2013 年 5 月 6 日，这个外星人从距离地球 1 亿光年的彩虹星球来。那个星球上的生物都多姿多彩，身上富有多种颜色，每种颜色代表一种身份。这位

图 1.75

绿面红身的外星人，是他们星球的探险家，是具有相当领导地位的人。国王派他出使地球，他带领大批彩虹星球的人来到了地球。他们惊讶地看到地球人和他们不一样。他们友好地对待地球人。不久后，他们返回自己的星球。”

作画者画这个外星人，用了很多不同的色彩：绿身、红面、橙耳、黑眼、红鼻、紫腿、灰脚、黑手。这代表作画者对色彩非常有感觉，有很高的审美要求，并且情感非常丰富。作画者是一个细心的人，每一个细节都描画出来：外星人的眼睛右大左小，额头上有三根皱纹线，躯体上有三个突出点，甚至还在外星人的左耳上打了耳洞、穿了一个耳环。从线条和涂色的处理来看，作画者的自控能力很强。作画者的想象力非常丰富、好奇心很强，所以她描画出的外星人也是色彩斑斓、充满好奇心和探索精神的。

那美星人二世

图 1.76 是一名男生所画。画面当中是一个披着棕色长氅的人，最突出的是彩色的脑袋。右边有一个小小的绿色飞船。作画者写道：

“这是那美星球的二世王子。在北京时间 3500 年 12 月 1 日时，乘坐速度为每秒 1 000 万米的飞碟前往邻近的一个星球——地球。他所在的那美星球距离

图 1.76

地球100 000亿光年。起初他对地球人感到非常陌生，但地球人对他非常友好，所以两国结为兄弟，互帮互助。"

作画者所画的外星人形象非常有意思：大大的头，细细的脖，方方的肩，短短的腿，像爪子一样的脚。如果按照地球人的标准，身体各部分的比例是不协调的。方肩通常代表作画者感受到的压力较大，需要承担的责任重大。

作画者的笔墨在于画其脑袋，这部分可以说是整幅图画中最细心被描画的地方：不仅色彩最丰富，而且有很多纹路。这代表作画者对自我的智力评价较高。

伊娃和他的父亲

图1.77是一名女生所画。画面中有两个外星人，他们是父子关系。作画者写道：

"这两个外星人从美丽浩瀚的蓝色星球来，正在星空里行走。他们是一对

图1.77

父子。儿子的名字叫伊娃。他是个聪明、心地善良的人。它有一个像叮当猫肚子上的口袋,里面有各种宝物,可以用来帮助别人。他对地球人非常友好,拥有先进的科技,也会与地球人交流分享。但地球人对他非常害怕,纷纷排斥他,觉得他长得又丑又恐怖,而外星人从来没有放弃过与人类友好相处的愿望,最终人类被他们打动。上帝让他们长寿,来帮助人类。"

画面的主色调是蓝色和绿色,背景也细心地用淡蓝色画了星星。这表明了作画者对外星人的喜爱之情。虽然外星人长相略有奇特之处,但总体上还是非常像地球人或地球生物,这表明作画者即使是在发挥自己最大想象力时,仍然会有边界和限制,不敢让自己走得太远。

引人注意的是外星人的父子关系。在作画者的描述中,儿子伊娃是主角,似乎他能够独立应对在地球上遇到的事情。但父亲还是陪伴在他身边。这表明作画者对父亲的陪伴、关注有强烈的需求,但在现实中她可能缺乏这种陪伴和关注。

魔法师

魔法师是指可以驱使某种神秘力量的人、能够变魔法的人,或者能够使用特定能力的人。常见的能力是:空中飞行,能够在时空中穿梭。能同时在两个不同的地方出现和消失。能把白天变为黑夜。能够变形,能够变成动物、植物或他人,或者把人变为野兽或其他事物。能够凭空变出自己想要的东西。他们还有预测未来的能力,或能占卜未来。他们当中的一些还能治愈疾病,能够使人返老还童、青春永驻。他们借助水晶球、魔镜、魔咒或者各种与占卜相关的东西,挥舞魔杖,让魔力发挥出来。人们对魔术师的态度可以说是既尊敬,又害怕和逃避。有些魔术师名声卓著,但也不乏臭名昭著的魔法师。他们亦正亦邪,既保护人类,又可能与人类为敌,或是索取灵魂或其他事物作为帮助的高昂代价。

在图画中魔法师具有多种心理学的象征意义,下面列举其中的一些:一是象征全能感,魔法师可以驱使神秘的力量,这使得人们可以把全能感投射在魔法师身上，要魔法师做到自己无法做到的事情。二是代表着特定的使命感。由于魔法师的超能力，他们经常能做常人无法做到的一些事情，所以人们会借魔法师之手来完成使命，投射在魔法师身上的使命或使命感，其实也是作画者自己的使命感。三是代表着人们的愿望，因为魔法师是可以做到任何事情的，人们会借助魔法师来实现自己的愿望，所以人们让魔法师去做的事情，其实就是自己想要做的事情。

作画的主题是：“如果你成为了法力无边的魔法师，你能够改变世间的一切，但由于魔法界的规则，你只能使用三次魔法，你会怎样使用这些魔法？你会改变什么？”

拯救与牺牲

图 1.78 的作画者是一位 16 岁的女生。

“我是深海的一条美人鱼。人们的高科技使得我们赖以生存的海洋被污染。奶奶是一名魔法师，她教会我水系魔法。在我 18 岁时开始周游世界。我认识了一个名叫米多奇的魔法师，我们一起帮助了很多海洋生物。为了彻底改变海洋的污染，我们去了深海之渊，找到了神奇的贝壳。为了拯救海洋，米多奇

图 1.78

献出了自己的生命，而我用超级魔法恢复了整个海洋的美丽。我保护着海洋，思念着米多奇，一个英雄。”

用海洋作为故事发生的场所，其实是作画者愿意更深层次探索自我的表现。从画面和文字来看，作画者想象力丰富，感情细腻丰富。对自我的评价较高，不论是对外貌还是对自己的内在。她很清楚地意识到了自己的女性气质与社会性别角色。生命能量较强。对爱情有朦胧的渴望。在她的精神世界中，拯救和牺牲是一个主要命题。她非常清楚改变需要付出代价。这其实也是她在现实世界中面临的命题。

牺牲、拯救和守护

图 1.79 的作画者也是一名 16 岁的女生。“我是一个长着翅膀的精灵，用绿魔法将被砍伐的树林重新变绿。由于有一对翅膀，我被左邻右舍当作怪物，父母也遗弃了我，我十分孤独，性格孤僻。我来到了这片树林，看到了一片荒芜，小鸟也不愿意歌唱。我的眼泪滴下来，在我的咒语声中，树木恢复了原先的样子。可是人们继续砍伐，我心中绝望了。突然来了一个黑影子，说我只要用双臂做交换，就可以重新让树林恢复。我答应了。没有了双臂的我，成为树林

图 1.79

的守护神。到了老的时候，我的故事在精灵界传诵，我成了名人……”

同样是和环境、拯救有关，但这幅画包含了不太一样的信息：图 1.78 的作画者有比较安全的感觉，因为她对自己的照料者有安全依恋，对世界也更多信任；图 1.79 的作画者则是不安全依恋，有深深的被遗弃感、被忽略感、被误解感。对这个世界有更多的失望甚至绝望感。她期待用自己的容忍、牺牲和付出换来人们的理解，只是这个过程并不顺利。“失去双臂”的隐喻是说“无法行动”，她目前的感受是无法做什么事情，会有一种深深的无助感。她寄希望于未来，随着时间的流逝，人们会认可和理解她。

整个画面上的树桩有些触目惊心，因为面积很大，而且连草都是枯萎的。但由于有后面绿色的树，加上画面中的蓝色，并没有流露出很深重的绝望感，所以作画者仍然心怀希望，带着乐观看待这个世界。她需要得到人们的认可。

没有根的地球

图 1.80 是一位 16 岁的女生画的。“画面是浮在空中的山体、树木和云彩。这是 500 年以后的世界。地球上早已是千疮百孔。而我，则是这世上最后一位魔法师，身上背负着拯救世界的责任。我只能使用三次魔法，而这是关于世界

图 1.80

人们生死存亡的关键，我很紧张，到底该用哪种魔法才好呢？"这是一个悬而未决的问题。作画者并未找到答案。

作画者最主要的命题是没有内在的稳定感和安心感。在她的画中，所有的东西都飘浮在空中。在她的现实中，她也感觉到没有"根"，没有稳定的、可以链接的力量，而这通常和婴幼儿、童年时期没与父母建立起稳定的依恋关系有关。

在画面中，画面右边有一个小小的长着翅膀的天使。相对于漫天飞舞的城市、房屋、大树和云彩，这个天使显得太小、太微不足道。这样无力的天使显然是无法拯救整个地球的。这并不是天使的错，因为她只是一个孩子。她需要做的是如何让自己有力量，如何保护好自己，如何让自己感觉放松和轻松。这些也是作画者在现实中需要做的事情。

为身边的人做些什么

图 1.81 是一位 15 岁的女生画的。"我画了一座紫色屋顶、蓝色墙面的两层带阁楼的小洋房。屋后有一大片向日葵。屋子不远处有一座稻草屋顶的小房子，是动物之家，有三只鸡、三头奶牛、四匹马、五只鸭子和六只兔子住在里

图 1.81

面。旁边有一棵大树，树上有一个鸟窝，窝里有一只红色的小鸟。草地上开着金雏菊。这是初秋的傍晚，太阳和星星同在天空。我和堂弟、表妹、我最爱的人，还有狗狗住在这里。我使用了三次魔法，一次是绿色魔法，把受污染的河流、土地恢复原状，一次是治愈魔法，治好了弱智的表妹，最后一次是变出一道彩虹和一阵微风，因为我喜欢彩虹和微风。”

从图画和文字来看，作画者是位一丝不苟、内心丰富、充满爱意、重视秩序与规则的人。图画中每一个细节都被仔细地规划和画出，每一样东西都有确定的位置。只有这样作画者才有安心感和安全感。她是一名拥有天真之心的高中生，在她眼中，世界仍然像童话一般美好。尽管她看到现实中有不完美，但她并不因此而怀疑这个世界，更多的是想通过自己的行动来改变一些什么。她采取的非常具体的行动是关爱身边的人。这种现实感非常重要。她同时不忘记关爱自己，让自己生活得更好，这让她和这个世界有更强的联系。这和图 1.80 的作画者形成鲜明对比。

和人类意识相通的资源宝库

图 1.82 的作画者是一名 16 岁的男生。他这样描述图画：“我得到了外星

图 1.82

人留下的魔法棒。我使用了三次魔法，第一次是看到贫困地区的现状，我用魔法创造了资源宝库，它与世界上所有已出生和未出生的人意识相通，人们想要什么，它就立刻送过来，不会被任何人控制，也会利用和回收废弃物。第二次是我在旅行时发现环境恶劣，为了让人们活得更久，我使用魔法让大自然能够自动调节，环境变美了。第三次是我了解到地球上人口过多，我限制了女性的生育能力，只允许一位女性有一次生育机会。魔法用完了，我又变成了普通人，过了平庸的一生。”

从图画和故事中可以看到，作画者非常乐观，快乐的天性洋溢在画中。他思考问题、处理问题和解决问题的方式有一些创意，但都非常简单、直接，如对人口过多的处理方式是限制女性的生育能力。图画的表达方式显得比同龄人幼稚。他的内心还是一个小孩子，对周围人不设防，他的天真是发自内心的，简简单单、快快乐乐地生活着。如果周围人接纳他，他会拥有一个友善的环境。

哀伤但坚持的守护

图 1.83 是一幅让人动容的图画。作画者是一位高一男生。画面上一个女孩举着一把雨伞，虽然雨伞遮蔽住了密密麻麻的雨，但雨太大，仍有雨落在女孩身上，而且雨似乎是从四面八方向她袭来。女孩似乎面带笑容，但左眼带泪，脸上、身上和手上被涂黑，辫子似乎被不同的力量拉扯着，脖子细长到不成比例，让人感觉到她境遇不佳。整个画面上只有她面前的那些彩色色块和雨伞上的绿色透出生机和活力。

作画者说：“有一把伞撑了很久，雨停了还不肯放；有一束花闻了很久，枯萎了也不肯丢；有一种友情，即使青丝变成白发，也能在心底保留。看看吧！这画中的世界很黑很黑。女孩也被黑色的雨淋着。但她依然守护着，守护着她面前的地球。她希望这个地球没有战争，没有侵略者，每个人都平等、自由，到处充满孩子们甜美的歌声。”画中女孩施展的魔法是让侵略者放弃自己的贪欲和野心。

图 1.83

作画者的画面和文字里有一种挥之不去的哀伤，那种哀伤不是为自己的经历，而是为自己所感知到的世界。一方面，作画者对这个世界的感受是“很黑很黑”，有很多负面的、不美好的，甚至是残酷的现实存在；另一方面，作画者仍然怀着希望，坚守着自己认为真善美的东西。由于有希望，所以画中人拥有带泪的笑。这个笑透露出乐观。只是，不知道这种坚守能持续多久。从画面中对黑雨的处理来看，作画者感受到深深的无助和孤单。坚守这些真善美，似乎只靠这个孩子来完成。但是这么多的负担，不是一个孩子能够承担得起的。

从图画中可以看出，作画者在现实世界中感受到的压力非常大，来自社会、学校和家长。虽然他尽力应对，但仍然觉得力不从心。他只能苦苦坚持和支撑，但内心已有深深的疲惫感和耗竭感。他更多的是用自己细腻、敏感、无助、容易受伤害那一面与周围人和周围环境互动，那把伞代表着他与周围的相对隔绝。虽然他是一个乐观的人，但他细腻和丰富的情感却常受到伤害，让他对这个世界感到悲观，有时甚至会感到绝望。他用与他人隔绝的方式坚持自己的守护，但这增强了他的无力感和虚弱感。

给作画者的建议是：将那些丰富、细腻与自信、勇气和行动结合起来，成为敏锐但不过度敏感的人。拥有自己的社会支持系统。守护是一种善意，但它需要更多人一起完成，茫茫宇宙中，你不是一个人。爱的传递方式有很多种，试着去感受它们，而不是去要求别人按你的方式给你。

穿越

穿越真的会发生吗？如果它是真的，那一定也有人从过去或未来穿越到我们这个时代，那你的身边或你认识的人当中有穿越而来的吗？没有。那为什么穿越的小说那么多？在穿越小说中穿越极其普遍而且有各种方式？因为穿越是人们内心想要脱离或逃避现实、投射自己内在想法、感受或目标的一种方式，透过穿越小说，人们可以实现那些我们在现实世界中没法做到或实现的事情，可以拥有更优的资源，可以结识本不能结识的人。但不论怎样奢华的穿越想象，都无法替代真实的现实。

在图画心理学上，可以透过穿越这个主题更深入地了解人们内在的愿望，穿越后人们想做的事儿通常是自己愿望的满足；也可以了解人们对现实不满的具体方面，穿越本身是要离开现实的世界，当穿越成为一种逃避的时候，是因为对现实世界有不满；了解个体的主要动机，这可以从穿越的方式、时间或地点等细节看出来；了解个体的理想，穿越后人们做的事情通常会体现出自己的理想和使命感。有些人穿越后成为另外一个人，这是把自己渴望拥有的性格特质或外在环境、条件等投射在他人身上，隐含着对当下自我的不满。

作画的主题是："如果你有足够的自由和能力，穿越到任何时间和空间，成为你想成为的任何一个人，你会穿越到哪里？成为谁？"

穿越到何时？

在时间上有穿越到过去的，如秦朝、唐朝、18 世纪、19 世纪等，也有穿越到

图 1.84

未来的，如 2111 年、22 世纪等。穿越到过去，表明人们最看重过去，希望某些已经发生过的事情会变得不一样。

图 1.84 典型地代表了人们的这种心态。作画者希望能够穿越到 2008 年 8 月 31 日，在目前这所中学重新开始上初中。这表明作画者有强烈的愿意希望过去能够重演一次，让她有机会更好地学习、更珍惜和别人的相遇。

图 1.85 也是比较典型的过去型，只是更加不确定在过去的哪一个时间点，作画者希望自己成为“游走在时间之中的精灵，再看一次自己生命的一切，或者重新开始，经历一些冒险，而不是像眼下这样平静而无趣地生活”。那些钟都是变形的、有些瘫软的、单调的，穿越后的世界，和达利所画的瘫软钟有异曲同工之处。这是作画者当下现实世界的反映。她不喜欢现在这样平静而无趣的生活，她需要一些变化。

穿越到未来，表明人们最看重未来。图 1.86 是典型代表，“我穿越到未来，用幸福洒满人间，化作幸福的光辉”。画面上的女孩正在用一种超幸福油漆在

图 1.85

图 1.86

涂这个世界。整个画面像童话一样。这幅图画代表的是作画者的一种祝福,而她自己应该首先是祝福的受益者,成为一个幸福的人。

有一位同学希望能在 2012 年的 7 月 1 号,在考试那天晕倒,穿越成为秦始皇,一位统治全球的女皇帝。(图 1.87)这样的穿越,显然带有更多的逃避色彩,为了避开考试而采取的权宜之计。作画者也知道这一点,所以极尽想象,在穿越中用极端的控制权来反抗现实中的被控制。

图 1.87

穿越成为谁?

有的人想成为影视或文学作品中的人物,有的人想成为历史上真实存在过的人物,有的人则想成为一些普通百姓。在第一类人物中,出现频率最高的是哆啦 A 梦,其次是奥特曼,另外还有福尔摩斯、网球王子等。历史人物中有秦始皇、孙权、太后等。普通百姓有敲钟人、平凡人三毛、小毛,或者还是自己等。穿越后成为另外一个人,是因为这个人身上拥有作画者渴望、但目前尚不具备的一些性格特质或外在环境、条件等,隐含着对当下自我的不满;而穿越后仍然是自己,可能自我认同度更高一些,更愿意让本来的自我多一些经历。

图 1.88 的作画者说自己愿意成为哆啦 A 梦百宝袋里的幸运星,“虽然不能给别人带去幸运,但我能找回童年,感受到大雄与他的朋友的快乐,便已知足!”从图画和作画者的自我表述中可以看出,作画者非常不自信,有比较多的自我否定和自我限制。其实,作画者可以更多一些信心,敢于拥有自己的梦想。因为图画中透露出来她很多优良品质:细心、耐心、认真、坚持、有创造力等。

图 1.89 是成为平凡人的典型代表。“我穿越到了 19 世纪的伦敦,成为了

图 1.88

图 1.89

一个敲钟人，上班地点在钟楼里，工作平淡无奇，但我每天能发现新的事物，我还找到了我爱的他，平淡但充实、快乐。”画面上只有钟楼的墙、钟和门以及门外的风景。整幅画反映出作画者没有激情的当下，以及可以预见的单调而乏味的未来。唯一的亮色是对爱情的憧憬。

有想要保卫宇宙的，如奥特曼；有想要拯救整个地球的，比如说提前预告世人 2012 年的灾难，如通过飞虎队打败入侵者；有想要拯救中国的，如领导人民打赢了鸦片战争，使中国再没有屈辱史；有想要统治地球的，成为秦始皇，一位女皇帝，统治国家；有想要帮助他人的，如哆啦 A 梦帮大雄打败胖虎，帮助水下世界的人打败河伯；还有一大类是遇见自己所爱的人，和他（她）一起环游世界或和他（她）度过一生；有想改变教育制度的，让学生能够享受每天愉快地去上学；还有人只是享受无人的世界；也有人想成为太后，到花园里散步，到各地游玩。这些想做的事体现作画者内在的渴望、梦想和动机。

图 1.90 是典型的对教育制度不满的图画。“这就是不久的未来学校的实景，只有学生傀儡和学习用品。这些全是被逼出来的。”画面上的人物不仅是被线吊着、完全被动、没有思想，而且没有生命力，面目恐怖，很像骷髅，让人不忍多看。这是作画者的真实感受：目前的教育制度只能产生这样的“产品”。作画者除了强烈的愤懑之外，还有强烈的担忧。

图 1.90

穿越后在哪里?

有在中国的紫禁城,有在伦敦钟楼、埃及金字塔、法国埃菲尔铁塔的,有在异能空间、魔法大陆的,还有人会去水下世界、森林;还有一些是去无人的地方。国外常常代表陌生和新奇,表明作画者想要体验更多的不一样的东西;而在大自然中,代表作画者内心与自然更为贴近;去没有人烟的地方,代表着作画者更渴望独处,可能是逃避,也可能是静思。

图1.91是典型的水下世界。作画者穿越到一个水下世界。“在这个世界里,每个人都很善良,可以与水中的动物做朋友,可以在这里欣赏花开花落、日出日落的美好。当这个世界将要灭绝时,我用勇敢和智慧战胜了河伯。”画中作画者正在欣赏朝霞,非常壮丽。作画者构建出来一个美好的世界,并且维护它。在现实中,作画者也有一个这样的世界。进入水中常常代表我们进入自己的潜意识。这位作画者的潜意识丰富而瑰丽,给她提供了很多能量。

图1.91

穿越方式是什么?

最平静的方式是上课打瞌睡、做作业睡着、上课发呆时或考试时晕倒后穿越;最突然的方式是看电影时被吸到屏幕中或看电视时按了一个键;最惨烈的方式是出各种事故,如掉进河里时、掉进无底洞、被雷击中后穿越;还有人“不知道怎么就穿越了”。

从比例上看,第一类方式的人数最多。这其实反映了作画者想用穿越来避开现实的心理。一旦穿越,就可以不用上课,就不用做作业,也不用考试,可以从压力中解脱出来。只是作画者内心也清楚,穿越只是一种幻想,无法真正缓解现实中的压力。那些不知道怎样就穿越的人,基本上也是不相信穿越的。尤其那些活着从穿越的世界又回到现实中来的作画者,有着清醒的现实感。

突然和惨烈的穿越方式都表现出作画者的想象力,只不过前者对现实世界中生命的看法和态度更为严肃和积极,不轻言用生命换取穿越。在这两类人看来,穿越其实是非常不寻常的事情,通过寻常方式是无法完成穿越的。

拯救情结

“当我再次看电影《2012》时,穿越发生了。穿越到了珠穆朗玛峰之巅。我穿越到了世界末日的前一年,因为我希望世界末日不要来。我知道世界末日有可能来,所以我告诉当时的人们这个消息,希望大家能够采取一些行动来预防或自救。我成为了一个新闻记者,兼《夜色将至》主播。但没有人相信我说的这些,大家没有做任何事情,最终地球还是被毁灭了。我自然也被毁灭了,但因为这毁灭,我又回到了现实。”(图1.92)

拯救其实是人类生存中的重要命题。不论是在宗教中、神话中还是在科幻作品中,它都是永恒的主题。《三体》的主题之一也是拯救。拯救是在有危机感时出现的使命。一名15岁的中学生能有这样的使命感,非常难得。作为一名女性,能有这样的英雄气概,也是非常难得的,需要有一颗善良而强大的心。

图 1.92

作画者选用了没有什么痛苦的穿越方式，可以看出穿越并不是作画者逃避现实的一种方式。从结局看，她最终仍将回到现实，她身上有一种清醒的现实感，穿越只是为了完成一项使命，她的希望仍然寄托于现实。

正是因为有清醒的现实感，所以作画者处处强调自己生命的安全性。不仅在世界毁灭时安然无恙，而且穿越的地点选在了珠峰，是在灾难发生时相对来说更安全的高地。另外，在角色的设定上，作画者没有选那种惊天动地的大人物，只是配合其目标选择了做传播的工作，希望借助记者和主持人的身份，向更多的人广而告之这个问题。因为记者主要做幕后的工作，而主播则亮相于人们面前，作画者有这两方面的需求。从职业选择中可以看到作画者对文字工作的深厚兴趣。

穿越者可以让很多人知道，却没有办法让人们相信她的预言。这其实是现实社会中的不信任在穿越世界中的体现。对作画者来说，她对这个社会有很多不确信感，她发现与别人建立信任关系非常难。她一直没有找到特别合适的方式，让别人信任她，以及信任别人。在穿越世界中，不信任的结果就是整个世界的毁灭。面对这样一个结局，作画者带着无奈，也带着一种超然，甚至冷静的距离感。这和拯救情结的那种使命感有些脱离，可以看到少年对拯救的理解仍然是比较浅层次的。如果成人画出了同一个主题，可能会悲壮得多。

整个图画中居于中心位置的是人类生活的城市，没有具体所指，但一定是个大都市，画面是一派祥和的生活景象。只是这样一个世界会被灾难毁掉，左面是滔天的浪，右边是高扬的火。世界就这样被无情的水火毁灭。

整幅画是用水笔白描出来的。这种纯粹的黑白色，代表着作画者和图画内容的距离感——她清楚地知道，这是想象，不是现实。作画者的用笔非常细腻，那些小的细节也被勾勒出来，代表着作画者关注细节、做事仔细。作画者用笔收放自如，交替用到曲线和横线、竖线，这代表着作画者具有较高的智力和很高的灵活性。

希望这位作画者能成长为一位有远大抱负、为人类完成某些使命的人！

身体里的小人国

每个人都是一个小宇宙。我们的身体，也是一个奇妙的世界。借助画身体里的小人国，可以观察作画者对自己身体的感知，自己的身体是否有存在感，身体的各个部分是否是健康的，是否是一个和谐的整体，当整个身体成为一个世界的时候，里面小人的关系就体现着人际关系。另外，这个主题也可以看出作画者和周围环境的关系，也可以看到作画者是如何建构出一个内在世界的。作画者最主要的成长命题会通过图画被呈现出来。

作画的主题是："请把你的身体想象成一个世界，在其中居住着各种小人。他们可能是同一种人，也可能是各种不同的人。他们之间可能是非常简单的关系，也可能是非常复杂的关系。请你把身体小人国画出来。"

从生到死

图 1.93 是一位初三的男生所画。从上到下，他对图画的解释如下：

"最上面一层是进口，最下面一层是出口。在第一层，人们在工作，扫地、倒垃圾；在第二层，人们结合在一起，人们又分离；在第三层，有人死亡，有人睡觉；在第四层，人们在行，人们在走；在第五层，死亡。"

图 1.93

整幅图画虽然简单,却反映了作画者的世界观:“人们充满希望地来到这个世界上,奋斗一生,一事无成,含恨而死。”带着一种看破,带着一种清醒,代表着一种轮回观,还有一种超然的无奈。这种心态上的沧桑似乎远远超越了他的年纪。

从这幅画的用笔、构图和用色,可以看出作画者是一个非常聪明的、有哲学家般思维的初中生,会思考一些终极问题,如生和死的问题。他周围的同学这时多在思考自我同一性问题,即“我是谁?我想做什么?我想成为怎样的人?”而他却在思考生命和死亡及其意义。

作画者的做事风格充满随意性,有种游戏人生的心态。他苦恼于周围人都和他保持距离,但自己却和周围的人、事物都保持着一定距离。

一颗红心,两种准备

图 1.94 的作画者是位初三的女生。她对图画的描述是:

“有很多人都在往这颗心里走。一切都处于黑暗,唯有一颗心,照耀着世

图 1.94

界，那是一片红，不同寻常的红，许许多多的人都向那颗心走去，寻找那遗失的光芒。结局有两种：一种是红色的心引领着人们走向那新的世界，它一定将光芒照耀大地，驱走黑暗，黑暗会消失。另一种是那微弱的光芒毫无用处，虽然有人在努力，但最后去的人越来越少，光芒消失了，剩下的只有无尽的黑暗。”

整个身体被简化成只有一颗心。这颗心在画面中占据了很大的面积，代表着它对作画者的重要性，表明了温暖的支持对于作画者来说是多么重要。她目前能够感受到的支持并不多。

作画者所描述的两种结局与现实有多种呼应，其中之一是她考上理想的高中和她没有考上理想高中的状况。如果考上，她会有一个新的光明世界；如果没有考上理想的高中，她的世界将是黑暗的。她目前并没有充分的把握和信心考上理想高中。

画中心的面积很大，但红色的部分很小，这代表着作画者的不自信，感受到活力不足。作画者可以更加自信一些，不要让对未来的担心压倒自己。

现实之痛

图 1.95 是位初三的女生所画。她这样描述自己的画：

图 1.95

“每个人都在为目标忙碌着。生活层次有许多种。人们现在似乎都未发现自己要的是什么。大家都在为现实之痛所羁绊。”

画面上首先映入人们眼帘的是一个大大的人形，五官、四肢齐全，有些突兀地长着红绿相间的头发。整个人形造型上幼稚，代表着作画者心理中天真幼稚不成熟的一面，但那些长发、那些身体里的小人，又是用成熟和老练的笔触画出，显现出作画者对人生的思考。所以，作画者是一个矛盾的混合体：幼稚和成熟并存，天真和老练同在。所以她的行为表现时而像大人一样，时而又充满了孩子气。

那些被夸张、狂放地处理的头发，其实代表着作画者的烦恼。五官的处理代表着作画者对这个世界的感受方式仍然停留在小时候。而四肢的变形则说明作画者在行动力方面有所欠缺。

而作画者所说的“忙碌”、“现实之痛”直接的方面是和中考有关，间接的方面则和她所看到的社会现象有关。她其实是在思考：人们这样匆忙、日复一日地重复生活，生活的意义到底在哪里？她还没有找到答案。

图 1.96 是一位初三的女生所画。她这样描述自己的图画：

“这是人的三种器官：心脏、肝脏和胃。每个不同的器官里都有不同的小人过着幸福生活。最强壮的部位是心脏，最虚弱的部位是胃。这个世界诞生后经历了许多天灾人祸，最终形成了一个安定的社会，人们安居乐业，未来会成为一个科技发达的世界。它最终会用飞船去探索新的世界。”

画面上是三个分离的器官，心脏在左上角，肝脏在居中偏上、偏右的位置，胃在下部偏左的位置。只呈现器官的图画代表着作画者的自我意识还在整合当中。

画面上呈现的事物虽然简单，但作画者是一个非常细致的人，她选用了不同的颜色来画不同的器官，心脏用了大红，肝脏用了桃红，唯有胃用了蓝色，是一种冷色调，表明活力不足。另外，在心脏中画了房屋、白云和人，在肝脏中画

图 1.96

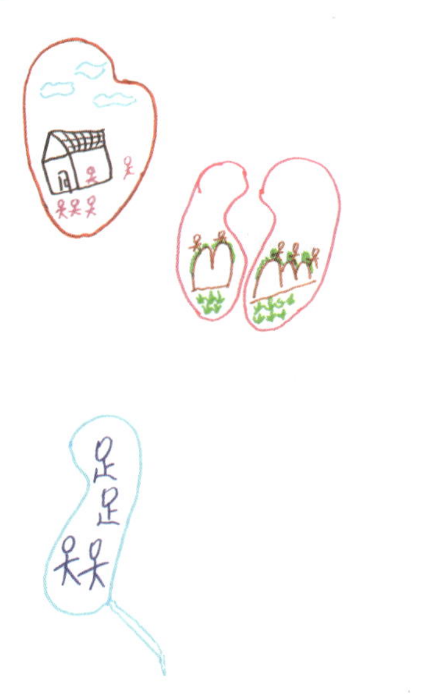

了山、草和人，都是和大自然和谐相处的，唯有胃只有大大的四个小人，没有任何景物。这表明作画者感觉到在“消化”方面有些问题，可能是指“消化知识”，也可能是指“消化压力”，也可能指其他事物。我们常用“吃不消”来形容压力过大，在这里也是一样的。

另外一个小的细节是作画者画出的肝脏并不十分对称，左边的比右边的要小。具体含义要和作画者确认后才能知道。

人体是一个世界

图 1.97 是一幅人形最完整的图画。作画者是一位高三的女生。她这样描述自己的图画：

“头部是高原，好比高大的喜马拉雅山，虽然又高又陡，但仍然有人愿意尝试去征服它，因为只要有心，没有什么大不了的，什么坎都能过去。身子的部分是这个世界上最为平均的地段平原。虽然在平原地区，大部分都是大城市，但

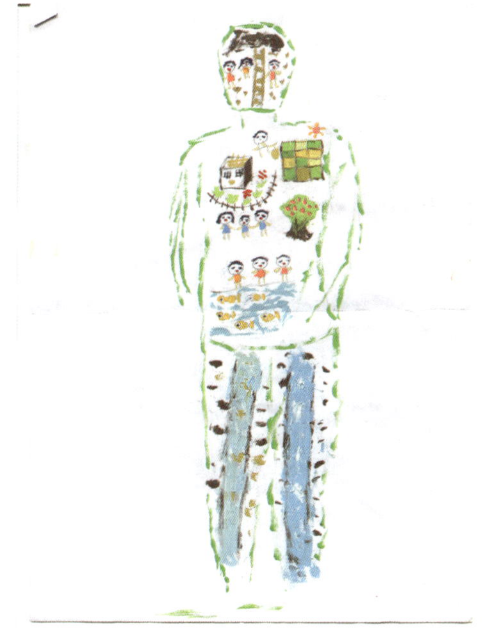

图 1.97

是贫困偏远的地方并不少，相比于城市，住在乡下、农村的人更加和谐，生活得更美好，更幸福，他们可以不用花钱就吃上绿色的食品。身子以下我只画了两条河，其中一条里面有黄色的沙，那是浅海区域，另外一条则是大海，那里还有白色的冰山。”

从整体上来看，图画占据了画面的中央，顶天立地，可以看出作画者的自信。最大的人形状基本完整，小人们也是完整的，可以看出作画者的自我意识较为清晰。作画者是一个比较细致的人，这从她细心地画出那些小人、那些小鱼中可以看出。最重要的是她的内在有一个相对和谐有序的世界。

整个身体中，被重点描画的是身子部分，那些里田园，有家园，有绿树，有水，有鱼，有人，充满生机。但作画者对此部分仍然有危机意识，认为“人们没有环保意识，到处充满了困难”。在对头部进行描述时，也有同样的危机存在，作画者说“高山上人烟稀少，会有火山爆发、泥石流等重大事故”。这些揭示出的信息其实是作画者对现实的感受，是她对当下状况的感受：虽然自己已经非常努力，但仍然充满了困难，这些困难不是自己完全能够控制或克服的。她有危机意识。

整个画面中虽然有不少人，但仍然充满了孤独感。作画者在现实世界中也感受到孤独。

两条腿化身成的河，代表着流动。本来应该是非常有能量的部分，但在画面上，由于其所占面积、所用色彩的缘故，看上去并没有很大能量。

这幅画还有一个特点：手和脚都没有画出来。在画人的图画中这是比较典型的一种反应，代表作画者不敢行动，不愿意行动，或不想行动，或还没有想好该如何行动。对于高三的学生，这其实是对高考的反应：不知该如何应对它的到来，但仍然在付出努力。

画面中最大的人形似乎站立不稳，代表着作画者内心缺乏安心感和安定感。整个画面还有些缺乏流畅性，这是作画者能量流动不畅的表现。

希望她能够在高考前的时间里有一个更加安定和安然的心。祝她在高考中如愿取得好成绩。

第四篇　感觉

愤怒的感觉

愤怒是一种非常有能量的力量，会有不同的类型：有的愤怒是冷的，像是冰、雪，甚至冰川；有的愤怒是热的、烫的，像是火焰、火山；有的愤怒是硬的、静止的，像石头、冰川；有的愤怒是软的、流动的，像波涛、岩浆。有的愤怒指向自己，有的愤怒指向他人。有的愤怒是爆发出来的，有的愤怒是被压抑下去的。应对愤怒时，有人会波及无辜，有人会有明确指向对象。有的人会采用被动攻击的方式，有的人选择直接攻击。通过图画可以了解作画者的愤怒程度、愤怒的促发因素、对愤怒这种情绪的表达及如何应对等。每个人都有愤怒的时刻。学习如何建设性地运用愤怒的力量，是每个人的修炼。

作画的主题是："请在头脑中生动而具体地想象出生气时你的感觉，并把它画下来。"

冬天里的一团烈火

图 1.98 的作画者是一名女生。画面是一个小孩戴着厚厚的帽子和围巾、穿着冬衣，似乎闭着眼睛、闭着嘴巴，背后是比人还高的火焰。画中人的情绪是孤独、愤怒和高傲。作画者说：

"这是一个男孩，因为和同学吵架，最后打了起来。他压不住心中的烈火，愤怒地爆发出来。当他生气时，他想找个人狠狠地发泄。而在现实生活中，如果我生气了，我希望我的闺蜜能够宠我。"

图画诉说出很多有意义的信息：一是愤怒像烈焰一样高涨，是非常强烈的愤怒；二是愤怒是由别人引起来的，而且也指向别人；三是一旦生气，画中人是

图 1.98

孤独的，似乎天地之间只有他自己；四是这个愤怒并不一定要通过发泄才能化解，好朋友的接纳就能够让它烟消云散；五是当她愤怒时，她希望自己像个男性一样有力量，像个男生一样能够吵架和打架。因为女生被教育不可以吵架，更不能打架。六是她希望能够控制住愤怒，所以选择用冬天的寒冷来应对愤怒的火焰。通过这种寒冷让自己清醒，通过寒冷降低火焰伤害他人的可能性。

生红绿灯的气

图 1.99 的作画者是一位女生。她画了一个正在非常生气地过马路的女孩。作画者写道：

“这个生气的女孩正在过马路。她正在生红绿灯的气。今天在学校很倒霉，别人说了她，她一路生气地走回来。过斑马线时，绿灯迟迟不亮，一直是红灯，她就开始生红绿灯的气。”

作画者画出了这种类型：愤怒的情绪会波及无辜。红绿灯一直在那里，按

图 1.99

程序运行，但画中人却会认为红绿灯是有意为难自己。为什么平时过马路没有这种感觉？因为在过马路之前发生的事情让她的愤怒情绪被启动了。也就是说，红绿灯是无辜的，起关键作用的是画中人自己的情绪。人们带着怎样的情绪去看待周围世界，周围世界就会用这种情绪回应。

作画者生动地画出了愤怒的样子：气鼓鼓的，很像一只充满气的球，只要被轻轻碰触一下，就会有非常大的反弹。画中人浑身上下都写满了字："别碰我、远离我，我正在生气呢！"谁要不当心碰到了，就有可能成为怒气爆发的对象。画中人是没有耳朵的，代表生气时她听不进去任何话。

这幅图画也生动地说明了愤怒情绪的传递链：引发这个女孩愤怒的原因是在学校被人说了，但她的愤怒具有持续性，持续到了校门之外。而且愤怒的指向对象，会从说她的人蔓延到她路上遇到的人和事情上。交通信号灯是最不带情绪的外界事物，但也成为了她愤怒指向的对象。可以想见，如果她的愤怒持续到家里，家里人也会成为无辜受牵连的人。而要斩断这个愤怒的传递链，画中人是可以做一些事情的，比如，让自己的愤怒有明确的指向范围，指向引发自己愤怒的对象。在情绪平复后和对方进行讨论，关注解决问题，而不是发泄情绪。

图 1.100

对作业生气

图 1.100 是一名女生所画。画面左边是堆积如山的作业,作业旁边是一个无奈而愤怒的人。作画者说:

“这么多作业,我非常生气,但同时又很矛盾、无奈。这么多作业,我不知道该怎么办、怎么发泄。我只能去面对,好烦恼啊!不过,只能积极去面对。”

从画中人方形的眼睛、下垂的嘴角、像刺猬一样的头发、叉腰的动作中,可以看出画中人的情绪。那些作业所占的面积比画中人还大,形成了强烈的压迫感。画中人的愤怒更多指向自己。而且画中人的身体让人联想到机器人,写作业的机器。作画者很清楚地意识到:当她无法改变环境时,她只能让自己去适应。也许,她可以用一些方法帮助自己,让作业不成为山,而成为自己可以应对的内容。

神愤

图 1.101 是一名男生所画。画面上只有一个头像,非常传神地表达出画中

图 1.101

人的愤怒：眉头皱起，眉毛高耸，眼睛大睁，嘴巴大张，耳朵里像是长出一双拳头。作画者写道：

“我买了一个新玩具，和小伙伴们一起分享。但他们把我的玩具弄坏了，我非常生气！”

这位作画者表达出的是指向他人的愤怒情绪，伴随着愤怒情绪的，还有强烈的攻击性：除了露出来的牙齿外，耳朵里伸出来的拳头也非常形象地传递出这个信号。这幅画非常传神，但语言描述的事情不是典型的中学生这个年龄发生的事情，更像是幼儿园小朋友或小学低年级的学生会遇到的事情。感觉作画者所表述的情绪和事件，与其生理年龄不相符合，显得有些过分幼稚。

被锤子击打

图 1.102 是一名男生所画。画面上有一把巨大的锤子在击打一个人的头。作画者写道：

“在我很烦的时候，有人打我。是我的朋友。我大发雷霆，想打回来。”

作画者用了非常生动的比喻，把自己被攻击、愤怒、想要报复的状况描画出来。画面上的那把锤子非常巨大，比人的头部都大，可以想见被击打的人会受

图 1.102

到不小的敲击。但锤子的颜色是蓝色和红色，淡化了攻击性，这和击打者是朋友有关。下面的人头用红色涂满了，代表怒火中烧，并且冒出的火星形状增强了这种愤怒。空眼和牙齿传递出被击打者的攻击性：如果有可能，被击打的人会反抗和攻击。

这幅画表达的是：在作画者情绪烦躁时，别人有攻击性行为，哪怕是开玩笑性质的，都会触怒作画者。由于被攻击引起的愤怒，这种愤怒有明确的指向性，而且最有可能的解决方法是攻击。但是暴力并不是解决愤怒情绪的最好方式。

痛苦的感觉

痛苦是人们会经历的一种情绪，可能会因为一个人，一件事情，或者一个情境。通过图画，可以了解造成作画者痛苦的原因或关键事件、人物，可以了解作画者感受到的痛苦状态或程度，从而找到应对的方法和可能性。对中小学生来说，常见的痛苦来源有以下几方面：一是学业压力，如成绩不理想、作业多、考试不理想、升学遇挫等；二是恋爱关系或同学关系，如暗恋、失恋、同辈欺凌、误解、友谊破裂等；三是师生关系，如老师批评、师生冲突等；四是父母教养方式，如父母责骂、父母期望过高、父母忽视等;五是个人所遭遇的伤害性或创伤性事件,如车祸、亲人丧失、疾病等;六是生活中的事件,如心身疾病、转学、家庭变故等。

作画的主题是:“请把你痛苦的感觉画出来,可以画你非常典型的一种感觉,也可以画给你印象最深刻的一次痛苦经历。”

作业太多

图 1.103 的作画者是一名男生。画面被分为“现实”和“心想”两个部分,主体是现实,是铺天盖地的各科作业和一些文具,不仅有语、数、外等主课,也有历史、化学、品德等副课,不仅有课本,还有课外辅导书。“心想”则缩在画面的左下角,是作画者向往的事情,有乒乓球拍、电脑、大自然。在画面的右下角,有一个人在哀叹:“这得做多久啊!”画中人的情绪是“很痛苦”。作画者说:

“我每天要做很多作业,痛苦就是写这么多作业我就不能开心地玩了。我希望作业少点,我希望爸妈能够陪我。”

图 1.103

图画主要反映的是学业压力，同时也附带了另一个愿望：希望父母能够在身边陪伴。在画面中，作业所占的面积最大，而娱乐和休息被挤到一个小角落，人和作业相比非常渺小，反映出作画者所感受到的无助、无奈和压抑。而作画者的渴望是能够有时间玩，有父母的支持和陪伴。这些要求本身是非常合理的，但在作画者看来，似乎没有实现的可能性。学校和家庭要向他伸出援助之手，帮助他改变这一局面，他自己也尽量找到高效率完成作业的方法，在现实和心想之间取得平衡。父母的陪伴对他特别重要。

考试没考好

图 1.104 的作画者是一位女生。她画了一个考试考了零分的一个差生。这位差生有着一头彩色的头发，穿的衣服也是色彩斑斓的，袜子和鞋子也是彩色的。他左手拿着一张分数为“0”的考试卷，脸上的表情是难过的，还有泪水在脸上。他的内心独白是：“哈，怎么又考了 0 分哪！回家屁股又要痛了！”作画者

图 1.104

写道：

“我在画面上画了一个不务正业的小混混又考了零分。他非常伤心和痛苦。因为考砸了，回家要被爸爸打，所以痛苦。画中人不是我，因为我不会考这么差。”

非常有意思，作画者说画中人不是自己。这可能是真实的。通常这反映出作画者与主题的距离感。但作画者又选择了这个场景来画，说明作画者被这个场景触动过。作画者有意丑化画中人，但她也只是在色彩上用五颜六色让画中人看起来有些奇怪。画中人对成绩的担心、对父母惩罚的担心更像是一个正常学生的反应。拥有这样反应的学生，应该不是一个“不务正业的小混混”吧?!作画者可能内心深处有一种恐惧，觉得考不好，就会被别人贴“小混混”的标签。尽管自己没有考这么差过，但考试成绩不好仍是非常痛苦的。

亲人离世

图 1.105 是一名男生所画。画面上半部是一座黑色的墓碑，墓碑上有一个

图 1.105

十字架。画面右上角有一片乌云。墓碑上左下角刻有立墓碑者的名字。墓碑中央是放相片的位置，打了一个问号，作画者在上面写道："太久了，记不住样子。"从文字记录上看，外公已去世 19 年。

整个画面是以黑色为主的，有一种压抑感。画面以直线为主，尤其是十字架，是用尺子比着画出来的。这两者都代表了死亡的冷冰冰和没有人情味儿。尽管外公是在作画者出生前就已经离开人世，但作画者仍然感受到了死亡带来的悲伤和压抑，通过父母或其他家庭成员间接地感受到了死亡的阴影。对这个年龄阶段的学生来说，他们已在思考生和死的意义，亲人离世是一个伤痛事件。

车祸

图 1.106 是一名男生所画。画面上是一起车祸事件，画面正中是一个人被车子撞了，血从画中人的头上流下来，在地下一大摊。右边是一辆车。作画者写道：

"两年前我过马路时被车撞了。当时小，不懂事，过马路没有看灯，被车撞了，撞了头，当时感觉脑袋很痛，一下子就晕过去了。如果时间能够退回去，我希望痛苦到天上去。"

图 1.106

这是一起典型的创伤性事件。画面上最引人注目的是那一摊血，还有非常大的车身。画中人虽然是个火柴人的形状，但仍可以看到痛苦的表情。对经历这样创伤性事件的当事人来说，除了医治外伤，还需要在心理上进行援助，帮助其摆脱创伤性事件带来的恐惧、不安、回避或闪回画面等状况。

孤独的电话亭

图 1.107 是一名女生所画。画面正中央是一座红色的公用电话亭，下半部是一条马路，马路上有斑马线。作画者写道：

“这是一个电话亭，在无人的街巷里。红色电话亭像红梅一样顶着寒雪，孤独地站立着。它是孤独的、寒冷的、无助的。这三个词都是那么没有温度的词，但它们却代表了我当时所有的思绪。人生就像一个孤独的站台，在没有人帮助的情况下，我们必须走过所有的坎坷和崎岖，有时也渴望得到一时的停留。我的痛苦往往是带着怒气的小子，气愤愤地来，气冲冲地去。”

图 1.107

这位作画者有着非常细腻的感受，她把自己的情绪用电话亭比喻出来。她觉得电话亭像红梅，但她为什么不直接用红梅呢？因为电话亭有一个特定的功能是红梅所没有的：与人沟通。电话亭的功能本来就是帮助人们实现沟通，所以在作画者的内心，应该是非常渴望与他人沟通的。只是她和电话亭很像，非常被动，需要别人来主动与她沟通。当她等不到别人的主动沟通时，可能就会产生愤怒和痛苦。也许有一个方法可以改变这种状况：她尝试主动与别人沟通。

另外她的痛苦是和愤怒联系在一起的，有可能指向她渴望沟通的对象。在痛苦情绪的外衣下面是愤怒。

分离的感觉

人们在生活和学习中会面临大大小小的分离：因各种原因和自己的家人分开，升学或分班时和老同学分离，转学时和朋友分离，搬家时和邻居、小伙伴分开。在分离时人们的情绪不同：有人会感觉到深深的痛苦，有人会感觉到浓浓的悲伤，有人会感觉到空落落的，有人会感觉到淡淡的不舍，有人则会为新的开始而雀跃。如何面对分离、处理分离情绪，是人一生的功课。

作画的主题是："画出你感觉到的分离，曾经的或正在经历的，或者想象未来会发生的。"

曾经拥有

图 1.108 的作画者是一名女生。画面中心是两个女生背对背站着，她们面前有一条路，左边短发的女生看上去比右边的长发女生更悲伤一些，画面的左边有一棵绿树，右边有两棵绿树，天上有白云、星星和月亮。作画者说：

"在明亮皎洁的月光中，两个美丽的女孩就要别离。因为毕业，她们要去不同而又遥远的地方。分离时，与朋友谈心，谈谈三年的快乐，谈谈曾经的吵闹，所谓友谊大过天！我曾经有过几次分离情境。我会以最好的状态面对分离，因

图 1.108

为我明白，分离过后，我们会遇到下一场友谊、下一个班级、下一个毕业班、下一次分离。天下没有不散的筵席。尽管心里有着不舍，但我还是会开朗地面对。”

画面中充满了不舍和难过。人物的表情，夜晚的月亮、黑色的云朵，都代表着作画者的低落情绪。但作画者有很好的自我调整能力，她理解分离是下一次相聚的开始。她有着比同龄人更成熟的心态。虽然有着淡淡的忧伤，但她更多地看好未来。虽然月亮经常代表着情绪的低落、抑郁和暗淡，但这幅画里金黄色的月亮和绿色的树代表着希望和活力。

绿树与树桩

图 1.109 的作画者是一位女生。画面中最引人注目的是一棵树，有着橙色的树干和树枝，以及绿叶。在绿树的右边，有一个树桩，树干已被砍伐掉，树桩上有年轮。绿树上有些叶子从右边飘落下来。还有一些风吹过来。作画者给自己的画取名“年轮之外”。作画者写道：

“小学毕业时，相识相伴六年的同学各奔东西。我不想去回忆曾经的快乐时光，因为那些回忆太美好，却加深了离别的痛与无奈。因为种种原因，我没有参加最后的毕业典礼。如果可以，我想微笑着与他们道别，留下最美的自己。

图 1.109

而现在，我就像那棵树，树在风中挺立，却孤独无伴，只留下满心回忆，与同伴分享。”

在画中，作画者用绿树比喻自己，用被砍树桩的年轮比喻分离，所以分离的情绪是痛苦的、孤单的、空落落的。这是非常生动的比喻，可以看出作画者内心非常细腻，对分离要比别人更敏感，有可能伤感的情绪也更深厚。另外，她对小学同学那么留恋，也有可能是因为中学阶段她没有再发展出这样好的同学关系，所以留恋就会更深。

用来象征分离的树桩也深有寓意，树是被砍伐掉的，好像是由于外力的原因不得不分离，但其实作画者说的是小学毕业的分离。这种被迫分离可能和她没有参加毕业典礼有关，也可能和情感上的难以分离有关，那个树桩代表着没有完成的告别仪式，所以她的未尽事宜是微笑着与小学时光道别。

从分离中学到的

图 1.110 是一名女生所画，以五幅小连环画的形式画出了人们从彼此一无所知到相识、相知、分离、难过的整个过程。所有这些都是用心来代表的。作画者写道：

图 1.110

“我画了与初中同学从初一进校到离别的心理变化。进校时，我们彼此陌生，内心空白，后来我们渐渐相识，有了一些了解，经过两年的相处，我们早已熟识，心中有了这个班集体。我们在一起团结友爱，有欢笑有泪滴，我们一起成长。可是时光匆匆，到了初三，我们十分不舍，也抵不过最终的离别。我们很伤心，如同心碎了一般。但是经历过后，我们才知道要珍惜身边每一个人。将来回忆时，我会说，这一生，遇到他们，是我这一辈子最幸福的事。”

作画者用非常简洁的方式，展现了一个宏大的时空，从初中入学到初中毕业。不论是从图画中还是从其描述中，都可以看出作画者有很强的表达能力和概括能力。引人注目的是作画者对分离的描画：一颗红色的心中间有了裂纹，一颗蓝色的心裂成了两半，这表明她感受到的离别情绪主要是痛苦和情绪低落，但最终，裂成两半的心又成长为一颗黄色的心。这里的黄色代表着回忆，拥有了回忆的心是可以被疗愈的，而且会学会珍惜。这表明作画者对离别持一种乐观的态度。

离开爷爷奶奶

图 1.111 是一名女生所画。一棵树在画面中央，把画面区分为左右两部分。左边是一个大人牵着小孩，右边是一片飘落的树叶和一棵小树，画面上还有秋风、云朵和被乌云遮住的太阳。作画者写道：

“在乡下我一直和爷爷奶奶生活在一起。到城里读书或许会有更好的出路，于是我的父母便要将我带到城里。当知道我要去城里时，开始时有一些兴奋，但在爸爸的带领下走向车站时，看着沿途的风景，心里又有几分不舍。我其实没有怎么见过父母。看到秋风中瑟瑟吹落的树叶，一股伤心的情感不由地涌现出来。那是我记事以来最难过、最伤心的分离。分离时内心似乎有无尽的话想对那对我百般呵护的爷爷奶奶说，但我却是默默地长久地看着他们。如果再来一次，我也依旧会这样沉默，若是心里有什么感情都倾诉出来，我不知会哭成什么样子。我相信，分离是为了重逢，这样的分离每次回老家都会有，虽然知道

图 1.111

自己会再回来，但心中仍有不舍和牵挂。真希望分离可以少一些，分离总是那样令人伤感。”

作画者的图画很传神，文字很精准，她是一个感情细腻、内心丰富、关注细节、表达力强的学生。虽然有浓浓的不舍和难过，但作画者还是用一些亮色代表了希望：那露出一丁点儿的太阳和绿色的树。被牵着的手也传递出温馨，离别的路上虽然很难过，但有父亲的陪伴。

折断的花

图 1.112 是一名女生所画。画面上半是一朵花儿，引人注目的是花茎中间有断开。作画者写道：

“父母离婚了。在分离的那一瞬间，天空一下子变得灰蒙蒙，花儿立刻凋谢，颜色如同灰蒙蒙的天气。我感到极度痛苦，尽管我表面上无动于衷。”

画面上只有一朵花儿，作画者也不愿意多说，似乎不愿意再回想那痛苦的

图 1.112

画面。即使这样，画面也非常形象地表明了作画者的感受：在父母离婚前，自己像一株生机勃勃的花朵，但父母离婚像把花儿折断，与父母一方的分离让花儿凋零，以前绿色的茎变成红色，花朵也变成暗色，花心都近乎黑色了，而花儿的根，也变得灰蒙蒙。这些都说明了情况的严重性，因为根是吸收养分的，而茎是输送养分的，如果这两部分无法工作，整株植物都会受影响。作画者需要自我疗愈，或寻求心理老师的专业帮助。

第二部分

中学生和父母共同作画

图画活动设计思路和具体操作

图画活动背景信息

第二部分所有的图画是一群初中学生以及他们的家长在图画心理系列工作坊中的作品。得到他们的书面知情同意后，我将把图画呈现在这部分中，同时也分享活动的设计、我对活动现场的观察，以及我对图画的分析和理解。这是一个特殊的工作坊，因为这些孩子是贴着“问题学生”的标签进入工作坊的。他们或者有学业上的问题，或者有行为上的问题，或者有人际交往方面的问题。他们分布在初一到初三的年级。

工作坊的设置如下：一共进行三次，每周一次，每次三小时。孩子和父母同时参加，有些活动是父母和孩子在一起进行的，有些活动则是父母和孩子分开进行的。工作坊共有两位带领老师(我和朱财娟老师)。工作坊的主要活动是画图，除了画图之外，还有相应的热身和游戏活动。

工作坊有以下目标：一是通过图画让孩子看到家长眼中的自己、让家长看到孩子眼中的自己，增强他们彼此的现实检测能力；二是通过图画展开的对话，增进孩子和家长之间的了解；三是通过图画、对话、反省和行动演出，促进健康、有效沟通方式的萌生。

设计思路

三次工作坊的设计思路如下：

第一次：建立初步信任关系，完成第一幅图画。

热身活动：安排家长和孩子一起运用扑克牌游戏进行破冰，相互熟悉。

接触画具和媒材：通过游戏让参加者接触画画工具，不再畏惧画画。

主题图画："画出你自己和孩子"。家长和孩子分组画。

家长和孩子分组交流和分享。

第二次：通过图画展开的对话，增进孩子和家长之间的了解。

热身活动：以家庭为单位，家长和孩子一起做热身活动"踩报纸"，打破彼此的界限，增进相互了解。

主题图画："家庭动态图"。家长和孩子分组画。

以家庭为单位，家长和孩子拿着图画进行对话。

第三次：通过图画和行动演出，促进健康、有效沟通方式的萌生。

热身活动：以家庭为单位，家长和孩子一起通过"盲人信任行"游戏活动，建立深度信任。

主题图画：以家庭为单位，家长和孩子一起创作主题图画："家人在一起做事"。

准备演出：以家庭为单位，家长和孩子一起准备演出主题图画的内容。

演出"创意小剧场"，并分享心得。

总结所有活动。

第一次图画工作坊：画出自己和父母/孩子

活动现场感受

当我们开始做活动时，这个群体呈现出一些特点：非常难安静下来。当开始第一个热身游戏后，现场一直很吵闹。当朱老师给出指导语时，很多人只听到她说的前半句话后就开始行动，很少有人等她全部说完后再行动。我观察了一下，不光是孩子们交头接耳，家长们也说个不停。我开始理解这个群体是很难倾听和安静的群体。对他们来说不光遵守规则是困难的，在沟通中他们可能也不知道什么时候需要安静、什么时候可以说话、什么时候应该倾听别人，他们需要通过学习才能掌握这一点。

在孩子们去到另外一个教室画画时，女生和男生自然分成了不同的小组。整个教室闹翻天，有的孩子在谈天说地，有的孩子在玩手机，只有个别孩子在认真画。对有些孩子来说，根据指导语完成任务、保持一定的自制力是一件非常困难的事情。

在家长们开始分享时，我看到有些家长没有能力完成小组分享，他们不仅受制于表达能力，而且他们坐在那里，脸上挂着的就是疏离的表情。

作为活动的带领者，我们只能一点儿一点儿地做好工作，创建好氛围，然后做好角色榜样，带领家长和孩子们一起改变。所以在第一次工作坊中，我们容忍孩子们的吵闹，允许他们不画画，我们的眼睛时刻关注他们做得好的部分，及时表扬和肯定他们做得好的行为，哪怕只是用双手递过来东西，我们都会表扬这种礼貌行为。我们不去批评他们做得不好的地方，因为我们知道，信任关系建立之后，设定目标和规则才是有意义的。

强势的妈妈与弱势的儿子

图 2.1 和图 2.2 分别是由一位 40 多岁的母亲和她 14 岁的儿子所画。儿子正在上初中二年级，是家里的独子。这个家庭被命名为 1 号家庭。

在母亲的图画中(图 2.1)，儿子正在给母亲按摩肩膀，两人身旁的茶儿上放置有水果、零食和茶等，画面温馨而充满爱意。但是，母亲却运用了浓重的笔墨来描绘这种温馨的画面，这透露出些许焦虑。画面中夜晚的场景和大量的阴影也表明了母亲内心的不确定和忧郁。画面中的儿子在体贴关怀母亲，为母亲服务，这本来应该体现着儿子的成熟，但是图画中的儿子却被母亲画成了一个五六岁的小孩子，而母亲的形象则是一名成熟美丽而又优雅的女人，说明母亲内心一直把儿子当成一个长不大的小孩子来看待。画中的母亲和儿子挨得很近，仿佛不能分离，很有可能在现实生活中，母亲反而更加无法离开孩子。

而儿子的图画(图 2.2)则呈现出另外一种状态，主要体现在三个方面：一是和母亲的图画面积相比，儿子的图画所占面积非常小；二是儿子的图画非常简单，只有寥寥几笔的构图，和母亲绘图中浓重的笔墨形成了鲜明的对比；三是

图 2.1

图 2.2

儿子的画面非常简洁，人物以火柴人的形式展现出来，只有头部进行了较具体的描绘。这些特点表明了儿子心智的不成熟，像一个没有长大的小孩子。

母亲和儿子的图画呈现出巨大的反差，这种反差会体现在现实生活中，导致母子之间产生许多矛盾。如儿子的图画中有大量擦拭的痕迹，说明儿子做事情会优柔寡断，难以自主作决定；而母亲的图画用笔连续而有力，体现出母亲的果断坚决。这种行事风格的差异会导致母亲对儿子的不满。另外，母亲的图画中有用线条勾勒出来的蚊帐，这部分可能代表母亲需要一个这样的框架来要求自己，同时也用这样的框架去要求别人，体现着母亲强势的风格；而儿子图画中体现出的不确定和简单，都表明了在母子关系中，儿子处于弱势的地位。在这样一种母子关系中，儿子会强烈地感受到被约束、被桎梏并会有窒息感。

包办和控制的父亲与想要平等的儿子

图 2.3 和图 2.4 分别由一位 50 多岁的父亲和他 12 岁的儿子所画。儿子正在上小学六年级，在家中排行老三。这个家庭被命名为 2 号家庭。

图 2.3

父亲图画(图 2.3)的题目叫“大手牵小手”,呈现的是下班后和孩子见面的场景。父亲的图画非常独特,画面中只有一个小孩和一只胳膊牵手,并没有出现完整的父亲的形象。关于这一点,父亲的解释是由于自己不善于绘画,对描绘整个人物感到力不从心。图画中,父亲用笔的线条断断续续,说明他没有办法完整地表达自己。孩子的结构也不完整,仿佛没有画完。人物四肢似乎都在颤抖,没有支撑感。这些可能表明,父亲没有办法作为一个独立的人而稳定地站立,自我意识不明确并且自我评价不高。

另外,图 2.3 中还有一个比较显著的特点:父亲形象中仅有的那只手是巨大的,手和孩子的整个身体的面积相等。这表明父亲在跟儿子的相处当中,会把儿子放在完全需要呵护的位置上,会替儿子包办很多事情,是一个控制型的父亲,大手代表着他习惯决定着儿子的一切。父子之间的这种特殊的互动关系,可能与父亲老来得子有关。所以,相对其他的父亲,他会对孩子多一些呵护。同时,父亲也许会有一些不安全感,才会对孩子有更多的包办、代替和溺爱。

儿子的图画(图 2.4)人物位置偏左,从整体上看是简洁的风格。图画中有四个特点:第一个特点是从构图上来看,人是完整的,四肢都画了出来,表明儿子比父亲有更清晰的自我意识,稳定性也比父亲高;第二个特点是画中的儿子和父亲在外形上是相似的,表明儿子对父亲有很多的认同感;第三个特点是画

图 2.4

中的儿子和父亲是一样大小的，表示儿子认为自己和父亲处于平等的地位，并且父亲在某些方面更需要自己；第四个特点是画中的两个人相隔一定的距离，表明儿子希望跟父亲保持一定的距离，这也许是儿子一直未曾对父亲表达的一个心声。从某种意义上来讲，儿子心智方面比较成熟，是他带领父亲一起往前走，他是这个家庭的主心骨。

图 2.4 中有一个很值得注意的地方：画中父亲的手是张开的，竭力去拉儿子，而儿子的手则都放在口袋里，似乎在故意躲避父亲。关于这一点，对比图 2.3 来看，可以解释为父亲一直在主动做事，而儿子是被动不做事的，与父亲图画中所表达的父亲替儿子包办一切的信息是一致的。图 2.4 中人物都没有耳朵，这代表着儿子对父亲批评非常敏感，不愿意听从父亲的一些命令、建议、规则等。父与子的交流，亲情与界限、成长与成熟，皆在画中活灵活现。

严谨的妈妈与随性的女儿

图 2.5 和图 2.6 分别由一位 30 多岁的母亲和她 16 岁的女儿所画。女儿是

图 2.5

家中子女中的老大。这个家庭被命名为 3 号家庭。

母亲在图画中(图 2.5)描绘的是自家房屋外的夜景。画中的内容极其丰富,有散发着光亮的一弯明月,有照耀着母女的一盏路灯,远处还有山川之类的景色。母女并排坐在草坪的一张椅子上,仿佛在谈论着之前度假的情形。画面中体现了母亲的两种情绪:一是母女之间的闲聊和温暖的灯光,让整幅图画散发着恬静和温馨的气氛;二是月亮的呈现使整个画面染上了一抹抑郁的色彩。引人注目的一点是,画中的两个人物非常相似,不仅是大小,连发型、五官、四肢的处理都是极其相似,看画的人没有办法区分出哪个是母亲,哪个是女儿。在这一点上,有可能是母亲对女儿有高度的认同感,或者传递出母亲希望女儿跟自己相似的强烈愿望。

女儿的图画(图 2.6)是由几根随意的线条组成,充满了游戏性。画中的火柴人只有一个圈,几根竖线,头部写着"妈"和"女"来辨别身份,说明现实生活中,女儿很少会严肃认真地对待事情,喜欢游戏人生。画面中所占面积最大的部分是两个英文单词——Big Bang,这应该是她喜爱的偶像的名字。在绘图过程中添加单词,说明女儿不喜欢接受指令和遵守规则,不愿意受到任何束缚。

图 2.5 中母女温馨交谈的场景和图 2.6 中母女手拉手的情景,说明母亲和女儿的关系是融洽的。最后在分享阶段,女儿看完母亲的图画之后说:"我挺后

图 2.6

悔的，如果我用心地画，好好地画，我画出来的情景会是和母亲一样的，这样就更能证明我们是心有灵犀的。”这说明，母女双方对对方都有很高的认可度。另外，母亲画中呈现出的拘谨与女儿画中呈现出的随性形成了鲜明的对比，预示着女儿个性可能会发生改变。

父亲的“儿童画”与儿子的“成人画”

图 2.7 和图 2.8 分别由一位 40 多岁的父亲和他 13 岁的儿子所画。儿子是家里的独子。这个家庭被命名为 4 号家庭。

父亲图画中(图 2.7)的父子两人手拉手，距离非常近，这表明父亲希望父子之间的关系是亲密无间的。图画中的人物偏左，表示父亲的性格偏内向。画中有四个引人注目的地方：一是画中的人物站立不稳，代表父亲内在的支撑感不强；二是人物的轮廓颤抖，没有办法构成确定的线条，表明父亲内心的犹豫与不确定；三是画面上的两个人都被处理成空眼人，没有眼珠表示对外在环境的不在意；四是父亲的肩膀被画成方肩，代表着父亲的肩膀承担了许多责任，此时的

图 2.7

父亲应该是感受到极多的压力。

图 2.7 从整体上看不太像一个成年人的画，人物没有构建完整，像一幅幼儿的画作，显示出父亲在某些方面心智不成熟。画中人物的五官中没有耳朵，代表父亲不愿意听别人的建议和劝导。父亲自我解释说画中的自己在带儿子过马路，这象征着他们的人生可能面临选择，过马路意味跨越，跨越到不同的道路可能会对他们产生不同的影响。

与父亲的图画相比，儿子图画更像“成人画”（图 2.8）。他的画风和父亲不同，有相对多的确定感，画中人物的轮廓描绘也比父亲更有力、更清晰。儿子将画纸竖立进行绘画，这种画法会显得画中的人物比较高，表明儿子内心对成长的渴望。画中整个人物靠近画纸的上部，这代表儿子与父亲的亲近程度。画中使用了大量的直线条，连人物的身体也用直线画成长方形，仿佛机器人的身体，这些代表着儿子的刻板性。图画中父亲和儿子之间有一定的距离，通过手里拿着共同的东西来做连接，这可能代表着儿子的一种感受：既想跟父亲保持一定的距离又希望有一定的连接。

画 2.8 中父亲的形象被儿子进行了美化处理。在现实当中，父亲不戴眼镜并且是一个蓝领工人。但是图画中的父亲是一个戴着眼镜，文质彬彬的知识分子，这其实是儿子理想中父亲的形象。图画中有许多擦拭的地方，表明儿子内

图 2.8

心的犹豫，不断在重新构建图画。

图 2.8 中还有一个引人注目的地方是，画中的孩子留着女性特征的长发，而身体的其他部分并没有女性的特征。不知这是儿子本来就想画长发，还是他或者其他人恶作剧添上去的长发。长发使得他人很难清晰地辨明画中孩子的性别。

期待儿子像丈夫和“小小的”儿子

图 2.9 和图 2.10 由一位 30 多岁的母亲和她 16 岁的独生儿子所画。母亲是一名普通职员，儿子正在上初中三年级。这个家庭被命名为 5 号家庭。

母亲图画中(图 2.9)的画面非常饱满，远处有山峦、白云、太阳和飞鸟，近处

图 2.9

图 2.10

有草坪和花朵。整幅画面呈现出和谐美好的景象。画中左边的少女是母亲自己,身穿短裙,非常开心。母亲旁边戴眼镜的男性是儿子,高高大大,非常阳光。儿子手里还拎着一个女式的手提包,对于这一点,母亲解释为画面中的儿子正在陪自己在公园游玩,儿子在帮她拎包,照顾她。这幅画中的人物没有出现双脚,脚踝的部分似乎隐藏在草坪里面,说明母亲没有稳定的支撑感,这可能是现实生活中的状况,即家庭需要稳定。

图 2.9 最大的特点是画中儿子的形象。画中儿子所占的面积比母亲所占的面积大,并且儿子的年龄也似乎比母亲的年龄大,两个人更像情侣关系,而不

是母子关系。所以从心理层面上来讲，母亲把儿子放在能和她一起扛家庭重担的位置，儿子需要承担起父亲的角色来照顾母亲。

儿子的画面中(图2.10)只有火柴人，并且所占面积非常小，只占据画面左上方的一小块位置。整幅画显得敷衍了事，从严格意义上来说并不能叫做图画。画面中有多次的涂擦，最初被擦掉的人物更小。画纸被儿子揉得皱皱巴巴。

图2.9和图2.10形成鲜明的对比，母亲在画中表达出她对儿子的重望，但儿子的画表明他暂时还不能扛起母亲所给的责任与能量。母亲的期望已经超出儿子所能承受的年龄范围，这对儿子来说，并不真实。母亲这种不切实际的期望会导致儿子压力过大，背负更重的心理负担。

强势的妈妈和不付出努力的儿子

图2.11和图2.12由一位30多岁的母亲和她13岁的儿子所画。儿子正在上初中一年级，在家中排行第二。这个家庭被命名为6号家庭。

图2.11中，母亲画了自己和孩子准备出门的情景，两个人是手拉手的。这是母亲理想中和儿子相处的状态，非常亲密，儿子也愿意和自己一起出门。画中母亲的形象比儿子大很多，表明母亲是一个比较强势的人，儿子“应该”是一个跟随者。整体人物的构建都体现出作画者心理上较为幼稚。

儿子的图画(图2.12)上只有两个圈，左边的圈里写着一个“美”字，代表着母亲，右边的圈里写着“正常就对了”(意思是“这里画的是个正常人”)，代表着自己。两个圈被反复描画过，画面上还有涂擦的痕迹。按指导语完成一幅人物画像对他来说可能有一些困难，但是他连尝试都没有尝试，直接放弃。对他来说，付出努力去做一件事情并不容易。

是家里的独女。

图 2.11

图 2.12

妈妈的幼稚画和女儿的潦草画

图 2.13 和图 2.14 分别由一位 30 多岁的母亲和她 15 岁的女儿所画，女儿是家里的独女。这个家庭被命名为 7 号家庭。

母亲在画中(图 2.13)所描绘的是她和女儿在黎明时分去海边看日出的场景。画中的女儿走在前面，母亲跟在后面。图画中的孩子梳着长长的马尾辫，

图 2.13

图 2.14

母亲自己则梳着两只羊角辫，两人的年龄看上去都很小。画中的人物都是胖胖的身体，细细的四肢，很不协调，尤其是手和胳膊，像八爪鱼的触手一样从身体里长出来。整幅画面给人幼稚的感觉，不像成人的画作，这表明母亲心智的成熟度不高。画中女儿和母亲靠近的两只手(母女各一只)特别长，似乎两人都想接近对方，但中间又隔着一段距离。人物的两条腿相对于胖胖的身体显得过于纤细，完全支撑不住身体。母亲给女儿画的裙子出现了透视的效果，看画人可以透过裙子看见里面的身体，这种画法一般只出现在孩子的图画中。

同时，图 2.13 中人物的眼睛没有眼珠，这意味着作画者对周围环境可能不太在意，喜欢我行我素，做事情不看情境。画面中还出现了被描画过的地平线，表明作画者对稳定性、安全感的强烈需要。图 2.13 中最引人注目的特征是出现了两个太阳，一个在母女的中间，一个在女儿的左边，靠近整幅画的左边缘，这是非常少见的状况，表达出的信息是虽然母女在同一个空间，但需要不同的温暖源，像是两个世界中的人，被不同的太阳照耀着。

图 2.14 中，女儿非常潦草地在纸上画了两个火柴人，写了几个英文单词，敷衍了事。女儿为什么会选择以这种方式来完成任务？画面中这些单词背后的涵义到底是什么？都是值得追问的。

以儿子为中心的父母

8 号家庭的三幅图画(图 2.15、图 2.16 和图 2.17)分别由一家三口所画，来自于一对 50 多岁的夫妻和他们 15 岁的儿子。儿子上初中二年级，是家里的独子。这个家庭被命名为 8 号家庭。

母亲图画(图 2.15)中的两个人物是儿子和自己。左边身形小一些的是儿

图 2.15

子，右边身形略大一些的是自己。

图2.15中有三个突出的特点：一是人物呈现出机器人的形状，方形的身体，直线的腿和胳膊，没有关节，没有脖子。身体上还有双层的边框，使得人物看上去更像机器人。这些透露出母亲为人的刻板性、机械性、不灵活和不变通。尤其是人物没有脖子，说明母亲情绪和理性的连接不通畅，情商方面也可能存在问题。二是画中的孩子没有眼珠，这种画法体现了母亲我行我素，对环境的漠视，不在乎别人感受的特质。三是画中人物手指的部分，母亲的腿的部分，都被处理成尖刺，母亲的嘴呈三角形，这些都代表着攻击性，表明母亲在作画时内心有一些愤怒。

父亲的图画(图2.16)中也有两个人物，左边的人物是儿子，在玩电脑游戏，右边的父亲正在劝导儿子少玩电脑游戏。值得注意的是画中儿子的身形比父亲的身形大，可以看出在家庭关系中，儿子是主导，经常自己作决定，父亲可能更多时候扮演顺从儿子的角色。整个画面中有很多颤抖的笔触，不利索，反复描画，代表着作画者在很多方面犹豫不决，没有确定性。画面中的父亲和儿子是面对面的，虽然有距离，但还是有一定的眼神交流，可以看到对方，关注到对方，这点表现出了父子关系比较好的一面。

儿子在纸上什么都没有画(图2.17)，只写了"爸"、"我"、"妈"三个字。之后儿子又把这三个字重新写了一遍，外面画了一个圆圈，上面加了一个帽子。同

图2.16

图 2.17

时，他写的“我”在中间偏上的位置，看上去像是爸爸妈妈围绕着他，表明他自己比爸爸妈妈更重要。可能在他的意识中，父母要服从于他，他是凌驾于父母之上的。儿子可能对活动有些不在意和拒绝，不太遵守规则。在人际沟通方面存在着很大的被动性和防御性，不容易沟通。

对比图 2.15、图 2.16 和图 2.17 可以看出，母亲希望在家庭关系中起主导作用，但是父亲却事事顺着儿子，满足孩子的要求，这会导致整个家庭的三角关系倾斜：母亲想要管儿子，但儿子不听母亲的话，父亲顺着儿子，甚至比儿子更像孩子。父子两人都缺乏意志力，母亲夹在这个三角关系中间很辛苦。

母亲的好心情和儿子的阻抗情绪

图 2.18 和图 2.19 分别由一位 40 多岁的母亲和她 14 岁的儿子所画。儿子

图 2.18

上初中二年级，并且不清楚自己是否是独子。这个家庭被命名为 9 号家庭。

母亲在图 2.18 中描绘的是孩子在家做功课，自己在家做家务的情景。整幅画面是一幅透视图，画中的房子好像被整个切开，以便让人看到房子里面的情况。画中的母亲站立在房子的左边，孩子坐在房子右边的桌子边。整幅图画的构图不稳，线条断断续续。画中的母亲没有手，两只脚高低不平，很不稳定，并且被反复涂描，表达着作画者的犹豫和底气不足，并伴有无助感。整幅图画略显幼稚(这种画法一般只出现在幼童的画中)，画中母亲的眼睛正在看向孩子，孩子只有上半身，脸上貌似显现出一种愁苦的表情，这些似乎表明母亲和儿子的沟通出现了问题。

母亲表示自己在作画的过程中心情非常好。但是，在她的画中，儿子的表情似乎并不快乐。母亲说："跟儿子平时都沟通得很好，就是不能提学习和功课，一提儿子的情绪就会变得很糟糕。"

图 2.19 中，儿子在紧挨着画纸的下边缘画了两个幼稚的卡通人物代表母亲和自己。画中人物有滚圆的身体和短短的四肢，五官俱全但没有显示出特别的表情，手特别长，好像被捆绑在一起或者被什么东西连接在一起。两个人之间没有边界。画面流露出作画者以游戏的心态对待画画，并不认真。儿子以游戏的心态作画，反映出儿子对此次活动有阻抗情绪，不愿意配合。

图 2.19

画画过程中，母亲的好心情和儿子的阻抗情绪形成了鲜明的对比，母子二人之间的沟通不太畅通。同时，两幅画都表现出和作画者年龄不相符的幼稚感，说明母子二人心智发展都不成熟，不知道如何去体察对方的情绪变化，更好地和对方沟通。

默契的父子画

图 2.20 和图 2.21 分别由一位 30 多岁的父亲和他 13 岁的儿子所画。儿子上初中一年级，并且是家里的独子。这个家庭被命名为 10 号家庭。

父亲图画中（图 2.20）呈现的是父子二人手牵手在大自然中欢快散步的情景。画中的父与子五官清晰明确，长相非常相似，个子也一般高，只是儿子的头略偏大。整个画面内容较丰满，画面下方有一条小河，河中水在流动，显得很有生机，河岸边上有花有树，画中右上角的位置还有太阳。画面透露出的和谐感体现了良好的父子关系，这可能是现实状况，也可能是理想中的状况。画中被强调的是手拉手的部分，人物脚的处理看上去有些站不稳。

图 2.20

图 2.21

儿子画中(图 2.21)呈现的是父子二人在旅游途中照相的情景,和图 2.20 中的场景相类似,并且两幅画中都有一棵树。不同的是,图 2.21 整幅图画的占比要比图 2.20 的大,人物比例也更大一些,并且人物被描绘得更加丰满和生动,比如画中的儿子在照相时的剪刀手姿势。但是画中人物的脚没有被画出来,似乎是纸不太够。画面用笔也较轻,有断续感,显得有些犹豫。画中的那棵树似乎生命力不旺盛,这些说明作画者可能需要更多的支持感。

图 2.20 和图 2.21 的作画风格很像,画面中的人物都是在左下角的位置,表明父子之间的默契感很强。父亲和儿子没有进行沟通就能画出极为相似的

图画，说明父子之间的心有灵犀，反映出良好的父子关系。

烦恼的妈妈和刻板的儿子

图 2.22 和图 2.23 分别由一位 40 多岁的母亲和她 16 岁的独生儿子所画。这个家庭被命名为 11 号家庭。

母亲图画中（图 2.22）的背景是和谐饱满的大自然。靠下的位置是地平线，地平线上有花，天空中有飞鸟和白云。画中的两个人物手拉手，在比较中间的位置，左边是母亲，右边是儿子，儿子的比例略大于母亲。画面中最突出的部分是两个人物的头发，被母亲反复描画，似乎画中的两人都有很多的烦恼。

儿子是把纸竖起来画的（图 2.23），画面中的人物位置靠上，很小并且没有手脚，可能作画者在生活中的执行力不够，自信心也不太够。画中的左边人物是儿子，右边人物是母亲，并且母亲的比例略大。画中儿子的脑袋为正方形，母亲的脑袋为圆形，并且两人的身体和四肢都是长方形，没有曲线，像机器人一样，说明儿子性格中带有刻板性。儿子给画中的自己涂了大量的阴影，这可能

图 2.22

图 2.23

代表着他对自己的否定。画面中的母亲被画得很幼稚，整幅图画显得像幼童的图画，这和作画者的生理年龄不相称。

图 2.22 和图 2.23 中的人物都没有脖子，表明母子二人在情绪情感上均有问题和困难。母亲说自己画中的情景是和儿子在公园里一起玩，心情非常愉快。儿子说自己画中的情景是在空白的场景中无事可做，并且画中母亲的情绪是空洞的，但自己的情绪是高兴的。这表明母子二人都有想要改变当下情绪问题的意愿。

父亲的颤抖图画和儿子的擦拭图画

图 2.24 和图 2.25 分别由一位 50 多岁的父亲和他 16 岁的儿子所画，儿子

图 2.24

上初中三年级。这个家庭被命名为12号家庭。

父亲的图画(图 2.24)是一张房屋剖面图,被切开的房屋表明作画者想要展示清楚房子里面发生的事情。整个房屋在画面中部靠下的位置,房屋左下角的位置画的是父亲在看书,画面正中的位置画的是儿子在写作业。房屋内的中部有窗户和窗帘,房屋外的右边有一棵树,上方有一个太阳。

图 2.24 中的用笔不太连续,画中的人物和景物也显得有些颤抖,表明作画者的控制感不太好。太阳的线条是断续的并且被反复描画,不太圆整,像生了病一样。画中的父亲面向儿子,和儿子保持了一定的距离,并且在手里拿了一本书作为遮挡。这可能说明现实中的父亲不太放心儿子。

父亲给图 2.24 的说明是:"我在看书,儿子上午十点在家看电视,下午一点半在家做作业,儿子的情绪是很好的,很开心(一般儿子在家就是看看电视做做作业)。"

儿子的画(图 2.25)是竖着画的,画面中人物占比较小,也较集中。图 2.25 中作画者的笔触比图 2.24 有力,线条的颜色也更深一些,表明作画者对线条有更好的掌控。整幅图画有反复擦拭的痕迹,显示着作画者犹豫不决,不够果断。画面中,左边的人物代表父亲,有很长的四肢,特别是手臂。右边的人物是儿子自己,手臂只有线条,这表明现实中儿子可能不能独立地完成事情,更多地依赖

图 2.25

父亲。

儿子述说自己画的场景是父子在教室里(可能就是活动当天的场景),自己正在吃香蕉。只捕捉到当下发生的场景,说明儿子可能有些缺乏想象力,不能或不愿设想其他的场景。

图 2.24 和图 2.25 中,画中的两个人物之间都有一定的距离,这或许反映着父子之间有一定的心理距离。

无奈的母亲和恶搞的儿子

图 2.26 和图 2.27 分别由一位 40 多岁的母亲和她 15 岁的儿子所画。儿子上初中二年级,是家里的独子。这个家庭被命名为 13 号家庭。

图 2.26

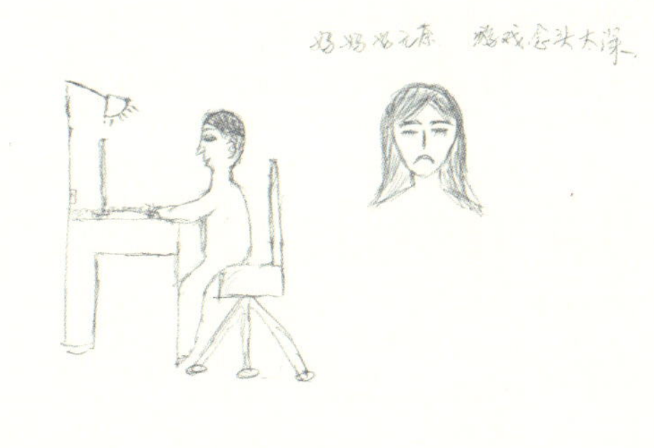

图 2.27

母亲画中(图 2.26)的儿子坐在自己房间的电脑前玩游戏,桌上的台灯是亮的,表明画中的场景是晚上。画中的儿子以及他周围的环境被非常细致地刻画出来,包括桌子、椅子、电脑、头发、鼻子等。母亲画的自己则是一个半身像,只在孩子的背后画了自己的头和脖子。画中的母亲眼睛是闭着的,嘴角下垂,头顶上写有一句话:“母亲好无奈,儿子游戏的念头太深。”

图 2.26 中的笔墨较深,有被反复描画的地方,尤其是画中人物的头发,这代表着作画者的烦恼特别多。画面里的孩子玩电脑游戏到深夜,而画中的母亲只能看着,代表着现实中作画者的无助、烦恼和悲伤。画中的儿子背对着母亲,

也流露出一种冷冰冰、苍白无力的感觉。

儿子在画中(图2.27)的笔触较轻,画面的左边是一个戴着眼镜的女子在路上侧着身,没有眼珠,后面跟着一个火柴人。火柴人的脑中正在想一些事物:一个伸着舌头的鬼一样的脑袋,一个鸡腿,还有美元和不知为何物的东西。儿子对画的描述是:“这是母亲在路上走,她在笑,一个男的是疯子,跟在她后面,也在笑,情绪不知道。”图2.27中充满了开玩笑、恶作剧、调侃的感觉,表明作画者的阻抗感很强,情绪也显得很颓废。

图2.26和图2.27都表明母子之间有一定的心理距离。可能在现实状况中,这个家庭的情绪问题也比较严重。

母亲的回忆画和女儿的字符画

图2.28和图2.29分别由一位30多岁的母亲和她13岁的女儿所画。这个家庭被命名为14号家庭。

母亲的图画(图2.28)内容比较丰富,前景是一片草地,旁边是一条小路,背

图2.28

图 2.29

景是一座大桥，在最远处还有太阳和白云。画中的人物缩在左下角，展现的内容是母女手牵手。虽然画中人物在整幅图中占比不大，但是被细致地刻画了出来。作画者在刻画女儿时，用笔自如轻松，人物构图较完整；而在画自己时，比较随意，腿和脚都没有画完整，眼睛也不对称。画面偏下的位置写有一句话："我就想一直这样开心地牵着女儿的手。"整个图画给人梦幻般的感觉，这可能是母亲理想中而非现实中的状况。

值得注意的是，图 2.28 中的孩子是一个看上去只有五六岁、扎着羊角辫的小女孩，而女儿的实际年龄是 13 岁。所以作画者可能画的是记忆中和女儿相处的画面，表明她很怀念女儿小时候听话的样子，那个时候的母女还可以手牵手，但现在似乎是没有这种状态了。

女儿的图画(图 2.29)则完全是另外一种风格，严格来说，这是一幅写满了字符的画。这些字符有的是中文，有的是英文，还有的是简单的几何图形或者心形。各种各样的字符充斥在画纸上，有些是情绪的表达，有些是偶像的名字，还有些是小说的名字，等等。整个画面给人的感觉是混乱和没有秩序的，似乎作画者的心理充斥着这些东西，并且感到无序和迷茫：不知道什么是好的，不知道什么是此刻人生需要做的，不知道自己的潜能，无力积极改善自己的现状。缺乏秩序是作画者当下的现状，同时也传递出作画者对秩序的呼唤。

从图 2.28 中母亲对往事的留恋和图 2.29 中女儿的迷茫状态看出，母女当下的关系并不是很融洽。女儿画中的内容很随意，给人一种游戏人生的感觉，说明此时的女儿充满了反叛的精神，生活中也没有实在感。母亲在画中回忆女儿小时候的样子，也说明了母亲对女儿当下的状态并不是很满意。

第二次图画工作坊：家庭动态图

活动现场感受

在这次活动的开始，我在白板上写下了几个词：学会安静、学会倾听、更多默契、更多相互了解，并且告诉大家，这是在接下来的活动中要尽力去实现的目标。

在上一次建立的良好氛围中，我们开始展开活动。我们敏锐地察觉到在这次工作坊中孩子们和家长们正在发生变化：现场变得安静起来，当老师介绍游戏规则时，安静听的人变多了，也听得更完整了。在踩报纸的游戏活动中，高潮是一个孩子背起妈妈和对手竞争。他所在的家庭得了冠军。妈妈脸上笑开了花："长这么大，这是孩子第一次背我！"之前孩子一直疏远妈妈，觉得妈妈啰嗦，妈妈想亲近孩子，苦于无法走近，而在游戏活动中，孩子自然而然地把妈妈当作并肩作战的战友，不仅零距离接触，而且奔着共同目标去。带领老师一直称这个孩子是"冠军"，邀请他谈感想、作榜样，他的参与程度增强了。

在这次画图过程中，家长和孩子们都更投入了。遵从指导语完成图画的孩子更多了。孩子们的积极性被调动起来了。

而在最后的分享环节，更多的人开始学习倾听，当一个家庭发言时，其他家庭更愿意保持安静、倾听分享。参与者能够专注的时间也更长了。

这是多么大的变化啊！

母亲缺席时父亲出现在孩子的画面中

下面两幅画是由 40 多岁的姑妈和孩子画的。他们是之前的 1 号家庭。

图 2.30

图 2.31

姑妈的画中(图 2.30)展现的是一派春暖花开、鸟语花香的景色。画面中的姑妈在陪着侄子钓鱼,两个人看上去都很开心。画面的呈现方式比较抽象,人物是火柴人。左边枚红色画笔描绘的是侄子,枚红色是温暖的色系,代表作画者认为侄子具有能量,是有活力的;右边绿色画笔描绘的是自己,绿色代表着生命力。画面的周围还画了绿草地,也显示着作画者性格中的稳定与踏实。整幅画传递着和谐而美好的信号。

孩子画中(图 2.31)展现的是自己和父亲一起用毛巾擦车的场景。画中的人物和汽车是用铅笔画的,但是抹布上的水,水桶以及草地是彩色的。与画中简单的火柴人相比，汽车的构造更完整，体积也更大。作画者在画中呈现了父亲这一角色，暗示着作画者可能更需要父亲，即便和父亲有些距离，内心也还是渴望的。

在第一次活动中，母亲的画面里(图 2.1)母子之间是亲密无间的，父亲不在画内，仿佛无法置身其中。而在这一次活动中，当母亲缺席时，儿子却将父亲的形象呈现在了画面中(图 2.23)。这个家的家庭成员之间的关系似乎是母亲掌控着孩子，孩子却关注着父亲。姑妈的到来代表着大家庭的一种支持，说明整个大家庭的互动较多，关系也比较良好。

父亲繁复的图画和儿子简单的图画

图 2.32 和图 2.33 是 2 号家庭的父亲和儿子在第二次活动中所描绘的图画。

父亲的图画(图 2.32)被一条线分成了两部分。左边画的是自己在洗衣服的场景，占整个画面的三分之一，文字表述内容是："上班、买菜、做家务、照料老

图 2.32

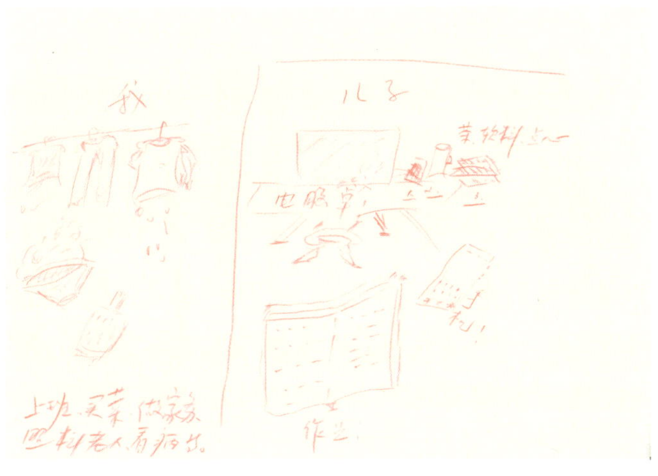

图 2.33

人、看病等。”右边的三分之二画的是儿子做作业的场景，画面中的东西较多，有电脑、桌子、茶、饮料和点心等，画面的底部还有一个占比很大的作业和手机。从以上的这些描绘中，可以看出三点：一是父子二人在两个不同的空间，表现出父子之间的关系并不亲密，并且情绪状态也有隔离；二是两部分占比大小不同，表明父亲把儿子放在比较重要的位置；三是父亲画面展现的是辛勤劳累，而儿子画面中突出的主题是享受，这种对比显示出父亲对儿子略微的不满。

和图 2.3 相比，图 2.32 的构图较完整，用笔也较果断。作画者使用了单一的红色完成画作，显示出强烈的情绪，甚至有些许的抱怨隐含其中：我有干不完的活，你却只知道享受。

儿子的画中(图 2.33)有两个火柴人，在画面中的占比较大。左边的火柴人代表父亲，嘴角上扬，非常开心，右边的代表作画者自己，没有显示出任何表情。人物下方还有一个草坪，寥寥几笔，简简单单。整个画面非常抽象，儿子似乎有些不认真，略带些防御，也缺乏些毅力。

儿子在文字说明中的表达要比在图画中的表达更细腻丰富。父子二人都有努力与改变的意愿，但是两人之间的沟通还有些问题，尤其是生活中的责任与担当还需要两个人的共同分担。

“为什么把我画得这么矮?”

4 号家庭的第二次活动是由 30 多岁的母亲带儿子来参加的。

母亲图画(图 2.34)的题目叫“阳光下的快乐”,展现的是母子二人在公园的草地上散步的情景。整幅图画是用铅笔描绘的,画中的人物较居中,但躯干和四肢不成比例,也没有穿衣服,很像外星人。画中左边的人物代表作画者自己,是一个空眼人。右边的人物代表儿子,有圆滚滚的躯干和较突出的眉毛与鼻子。整个画面很粗糙,字也写得歪歪斜斜,看上去不是很工整,说明母亲做事不够仔细。画面的状态显示出作画人自身的状态不佳,没有能吸引人的特别的优势。

儿子的画(图 2.35)非常小,占 A4 纸左上角很小的一部分,画中的人物在草地上坐着。整幅图画用紫色的画笔完成,显示出用笔的随意性。图中有被涂掉的部分,并且整幅图画得很不认真,显示出儿子的不确定感以及较差的自控能力。

儿子在看完母亲的画后,询问母亲为什么把自己画得比她矮(实际上儿子

图 2.34

图 2.35

比母亲高出一头),并对此表示不服。这一点非常有意思,因为这表明儿子觉得自己已经长大,母亲应该把自己当成大人来看待,自己已不再是母亲眼中永远的小宝贝。但是儿子在图 2.35 中的线条和构图,以及对待作画的态度都显示出儿子还是处于比较幼稚的时期。这样会导致儿子处在一种矛盾的状态里:一方面希望他人像对待一个成熟的大人那样对待自己,另一方面自身的表现又比较幼稚,不够自信,无法让他人像自己所要求的那样对待自己。

不自信的妈妈和自己的儿子

图 2.36 和图 2.37 是 5 号家庭的母亲和儿子在第二次活动中所画的图画。

母亲画中(图 2.36)的人物有三个,其中两个人是自己和儿子,一起在厨房做饭,另外还有一个儿子在有沙发的房间里扫地。画面中的三个人看上去都很开心。整幅图画用浅紫色的画笔描绘,用笔很轻,代表着作画者本人力量感不够,也可能不太自信,怕自己会受到周围环境的压抑。值得注意的是画面中的人物全部没有五官,可能是受作画人本身的画技所限制,也有可能是其情感的

图 2.36

图 2.37

表达不细腻或者难以表达而闷在心里。

儿子的图画中(图 2.37)有一个尖顶的建筑物和一辆很大汽车。画面中出现车子这一类机械物代表着力量与动感,也是这个年龄阶段的男孩的兴趣所在。画面中的两个人物嘴角上扬,看上去都很开心。左边枚红色的人物是作画者自己,右边绿色的人物是母亲。两个人差不多一样大,唯一的区别只是头发,母亲的头发比较长,除此之外,没有其他明显的性别特征。

图 2.37 中所展现的人物比较完整,作画者画的自己和母亲都看上去很有

能量，表达出作画者对母亲的喜爱。但画中的人物没有手，可能和作画者缺乏行动力有关。同时，画中的人物也没有耳朵，表明作画者在现实中可能不愿意听别人的话或者是拒绝听别人的话。

分隔开的母子与想要隐藏的儿子

图 2.38 和图 2.39 是 6 号家庭的母亲和儿子在第二次活动中所画的图画。

母亲画中(图 2.38)展现的是自己和儿子在家中打扫卫生的场景。其中，母亲在左边开着水龙头洗衣服，儿子在右边扫地，母子中间隔了一扇门，画面中人物被分隔在不同空间，可能表明现实中母子之间有一些沟通障碍。画中的房子在整张 A4 纸的中间，是一个透明的剖面图，结构很简单。整幅画使用绿色的画笔完成，包括绿色的太阳，这种情况一般不常见。从整幅画面呈现的内容和绘画技巧来看，母亲的整个心智状况不佳。

儿子选了非常淡的黄色画笔来画自己的图画(图 2.39)，需要仔细看，才能看出在纸的左上角画有两个人，若不仔细看会以为是一张新的空白纸。画面中

图 2.38

图 2.39

人物的处理也看不清楚。整幅画表明作画者似乎在隐藏自己，包裹着自己，不太愿意突破自己，成长的动力不强，也呈现出儿子的幼稚性。但是和第一次的图画(图 2.12)相比，作画者已经有了很大的进步。

作画者述说图 2.39 中的场景是自己和母亲在外面玩耍。画中的自己比母亲大，表明儿子内心的细腻和善良，也愿意和家人有更进一步的亲密互动，传递了非常好的信号。

和女儿很像的妈妈与漂浮的女儿

图 2.40 和图 2.41 是 7 号家庭的母亲和女儿在第二次活动中所画的图画。

母亲图画中(图 2.40)所展现的是自己和女儿在厨房煮饭的场景。图中是一个透明房屋的剖面图，房屋里面的情景一览无余。母亲用幼稚的儿童画的画法给房屋画了一扇门和两扇窗。值得注意的是，作画者给画中左边的人物打了一个叉，然后又重新画了一个人。画中的两个人非常相似，很难判断谁是母亲谁是女儿，显示着母女二人有很多共同点，女儿和母亲互相复制。画面中的处

图 2.40

图 2.41

理显示着作画者认为女儿比较重要，是拿主意的角色，并且超越了自己，似乎母亲还有部分自我分化没有完成。

女儿的画中(图 2.41)所展现的是一家三口在一起爬山的场景。整幅画用黄色的画笔进行描绘，画面上有一些看不清的地方。画中的人物全部是火柴人，并且特征不分明，似乎女儿想隐藏自己。三个人在平行地走台阶，好像漂浮在空中。

图 2.40 的具象和图 2.41 的抽象形成了鲜明的对比。母亲在画中把女儿

放在了重要的位置上，但女儿在画中的表现是想隐藏自己。不知女儿能否承担起重要的角色，能否有力量肩负起母亲所期望的责任。

打电脑的儿子与背起妈妈的儿子

图 2.42、图 2.43 和图 2.44 是 8 号家庭的一家三口在第二次活动中所画的图画。

父亲的画中(图 2.42)人物是儿子和自己两个人，看上去都很高兴。整幅图画用铅笔勾勒，画面左边有一扇大而厚重的门，门上有一个被仔细涂描的门把手。画中的儿子坐在一张高背椅子上，眼前放的是电脑和手机，父亲站在儿子的身后，眼睛望向儿子，父子都只有侧面身体。父亲只从儿子的背后关注儿子，单方面地看着儿子，显得像一个旁观者，不干预，只关注，似乎父子之间的互动不是很良好，父亲已经不能引导儿子。画面上的人物都没有手和脚，代表着人物缺乏行动力。整幅画用笔较深，并且被反复描画，显示出作画者做事犹豫不决，性格上优柔寡断。

图 2.42

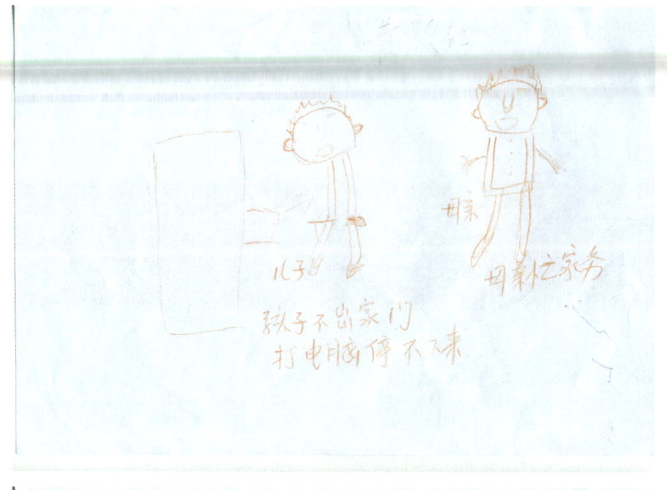

图 2.43

图 2.44

母亲的图画(图 2.43)所展现的是儿子在打电脑游戏，自己在做家务的场景。整幅画用橙色来完成，左边画了一扇门和一张电脑桌，儿子在电脑桌旁，并配文字描述:“孩子不出家门，打电脑停不下来”。右边的人物是母亲自己，在忙家务。母子之间隔着一段距离，没有互动，彼此的情绪都不高，表明母亲在引导儿子方面有些心有余而力不足。

儿子作画时的情绪很认真，画面中(图 2.44)展现的是本次工作坊中热身活动的场景。左边画面呈现的是双脚离地的母亲被儿子背着，右边画面呈现的是自己在和对方猜拳比赛。整幅画面用的是海洋般的蓝色，画面很简单，但基本部分都被描绘了出来，只有腿的部分没有画完整，显得很不稳定。和第一次作画相比，儿子认真了许多，这次不仅画了内容，还画了人物之间的互动。

对比图 2.17 和图 2.44，可以看出作画者发生了很大的变化。只参加两次工作坊就能发生如此大的变化，说明他容易被周围环境影响，也是他内在的正能量启动的效果。现实生活中，作画者得到的关注度可能不高，致使能引导他启动内在正能量的关注较少。作画者表面上看不在意别人的评价，但是，只要对他的评价合乎他的状态，作画者便能接受这种评价并进行快速的自我成长。

图 2.42 的重点不是人物，而是那扇门，似乎阻挡了什么，又保护了什么，画中的其他内容则显得冷冰冰的。图 2.44 虽然动感十足，但是内在情绪又不足。似乎这个家庭缺乏整体的情绪表达能力。在家庭关系里，父亲和儿子可能更亲密一些，似乎母亲被关在了门外。通过活动，这个家庭在逐渐形成合力，这是非常好的启动。

空眼人儿子与遛狗的儿子

图 2.45 和图 2.46 是 9 号家庭的母亲和儿子在第二次活动中所画的图画。

母亲画中(图 2.45)展现的是母子二人在公园里打网球的场景，两个人都很开心。整幅画用蓝色的画笔描绘，人物构造清晰。画中左边的母亲身体比较完整，性别特征也很明显，但画中右边的儿子是空眼人，并且没有画出手和脚。说明作画者的自我评价比较高，但对儿子的评价不高，这同时也暗示着儿子可能缺乏对世界的关注以及对他人的在意，没有手脚可能代表着执行力较弱。

儿子画中(图 2.46)展现的是自己和母亲在遛狗的场景。画中的人物比较卡通也比较简洁，有大大的头、壮壮的身体、短短的脚。画中的母亲被描绘得较完整，而画中儿子的形象则显示出儿子在画自己时的漫不经心，没耐性，似乎对自己没有信心。儿子好像很难认真而用心地做事。是什么阻挡着孩子静下心

图 2.45

图 2.46

来用心对待学习生活和自己？这个问题值得深思。

一家三口全部出现在图画中

10 号家庭的这次活动是一家三口来参加的。

图 2.47

父亲的整幅画(图 2.47)用蓝色的画笔进行描绘,主题为“美好的明天”。这是作画者对美好生活的期盼和向往,也可能是主动性不够,不愿去作更好的选择,或者心中的愿望过于美好而难以实现。画中的三个人物依次是儿子、自己和妻子,将自己画在中间,说明父亲似乎觉得自己是家里最重要的人物。画面的左边是一个大房子,占了画面纸张的三分之二。屋顶画了很多网格线,显得很沉重。右边有一棵树,树冠呈锯齿状,似乎带有一定的攻击性,表明父亲内心存在着愤怒想要表达。树顶上有一只鸟,右上方还有一个粉红色的太阳。

母亲的画(图 2.48)是绿色的,展现的是一家三口在跑步的场景,并且都很开心。画中的三个人手拉手,透露出和谐美好的气氛。母亲以火柴人的方式描绘人物,其中人物的五官被画了出来,却没有细致地处理,似乎想要忽略某些东西。画中的树稳定性不够,但没有攻击性。

儿子的画中(图 2.49)人物从左到右依次是父亲、自己和母亲。三个人的距离很近,并且都很开心,正在一起拍照。这也许是儿子的期盼和需要。整幅画的颜色是土褐色,相比于父母,儿子的绘画能力略强,有一些背景图案,并且在人物的构造中出现了躯干。但是画中人物的手和脖子的处理并不是很好,可能代表着理性和情感的连接有些困难。

对比图 2.47、图 2.48 和图 2.49 会发现:每幅图画中都有三个人。家庭的

图 2.48

图 2.49

整体关系是和谐的，三个人都是家庭重要的成员。有些家庭中孩子会是最重要的成员，图画当中只会出现自己和孩子，而这个家庭三幅画中出现的都是一家三口。

另外，在每个人画中，自己都是在中间。可能三个人都觉得自己是最重要的，这也许会在家庭中产生话语权争夺的问题。但是画中人物的表情都很开心，所以总体上三个人的画是和谐的。

父亲和儿子一起做事情

图 2.50 和图 2.51 是 12 号家庭的父亲和儿子在第二次活动中所画的图画。

父亲图画中(图 2.50)展现的是自己和儿子在家中做家务的场景：自己在擦玻璃窗，儿子在拖地。父亲还说："家长应该作出榜样给孩子看。"整幅画用铅笔绘制，是一幅剖面式的简笔画。图画的整个空间比例很好，但画中人物的比例不协调，尤其是四肢的描绘比较粗糙。画面中呈现的父亲只有背面，父子两个人只是各做各的事情，彼此之间没有交流。

儿子图画中(图 2.51)展现的是自己和父亲俩人骑自行车的场景，表情都很开心。整幅画的主体使用深褐色绘制，但太阳是用红色的。画中的自己所占面积比父亲大，描画也很仔细，表示作画者在内心中已经构建自己的力量，并且开始成长，具有了超越父亲的能量。画中的人物没有耳朵，这可能意味着作画者拒绝倾听他人的意见。

两个人的图画虽不同，但不约而同地画了两个人一起共同做事的画面。这其实是一种默契。这是比第一次工作坊进步的地方。

图 2.50

图 2.51

图 2.51 无论从构图还是绘画技术，都要超越图 2.50，体现了儿子较好的绘画表达能力，尤其是图画中表现出的动感和亲和感。父子二人互相看了对方的画之后，父亲说："看到孩子画的画，感到很温馨，以后一定要和孩子多沟通，要作孩子的榜样。"父亲特别强调自己要作榜样。儿子也说："父亲画得很真实，我一定要像父亲画的那样去做。"父子二人的文字表现出他们对对方的感受的体会及时而准确。通过画画，父子之间有了联络，有了了解，有了发现，有了共鸣，彼此之间的感情更深了一层，也更加珍爱对方。

看电影的母子与玩电脑的儿子

图 2.52 和图 2.53 是 13 号家庭的母亲和儿子在第二次活动中所画的图画。

母亲图画中(图 2.52)展现的是母子二人一起看电影的场景。画面左边写着这幅画的名字"愉快的周末(电影院)"。画中的人物背对着画面，只能看到观众席上露出的后脑勺，其中长头发的是母亲。作画者自陈第一次活动之后和儿子有了很多的沟通，儿子的笑容也较之前增多，因此画画时的情绪很好。整幅

图 2.52

图 2.53

画用绿色来描绘，画面中占比最大的是电影的屏幕，屏幕上画了一只美人鱼，是关于美人鱼的电影。整幅画被强调的是电影本身，电影成了主角，母子之间没有互动。

儿子用紫色的画笔画了一个连续的图画（图 2.53）。画中的自己沉浸在电脑游戏的乐趣中，只和电脑游戏有互动，并没有和母亲的互动。画纸上有很多折痕，表明儿子对这幅画的不在意。儿子在纸上写到这样一句话："作为周星驰的粉丝，我第一时间去看了他拍的电影，很好。"

看到儿子的图画(图 2.53),母亲表露出对儿子不满的情绪。面对母亲的不满,儿子回应说:“我适度让母亲生气,以便她可以保持好的身材,像个小姑娘一样的身材。”说话的同时还配上怪异的表情,似乎儿子并不在意母亲的情绪。母子之间的这种一方指责、一方防御的互动,看起来在现实中已经存在了很久。这是一种非良性循环的互动,母子两人在不断地互相攻击、互相抵触、互相排斥。两个人的交流不在一个频段上,没有交集。

姐弟一起参与游戏

15 号家庭是第一次参加本次活动。图 2.54 和图 2.55 分别来自家庭中的姐姐和弟弟。姐姐 17 岁,在家中排行第二,这次活动代表家长来参加;弟弟 15 岁,在家中排行第三。

姐姐的画(图 2.54)很简单,画中展现的是姐弟两人在草地上一起玩游戏的场景。两人旁边画有水和零食。人物都以火柴人的方式呈现。

弟弟画中(图 2.55)展现的是在该工作坊中姐弟俩一起玩热身游戏的场景。

图 2.54

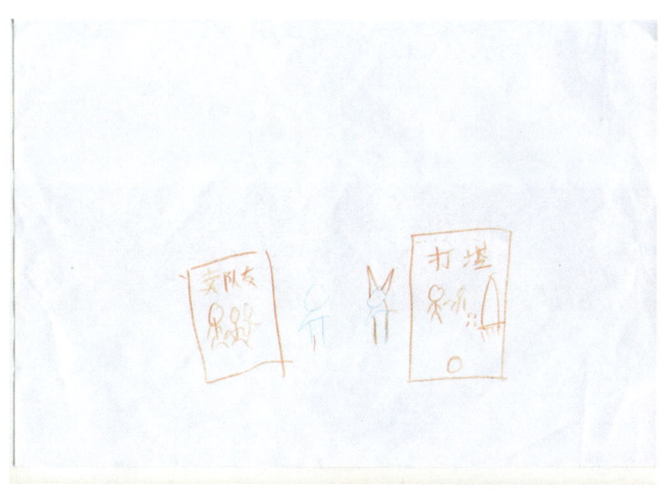

图 2.55

画中用了两个大方框写出了游戏的名称，表明作画者对游戏了如指掌，喜爱至极。画中的人物是橙黄色并且是以火柴人(没有画完整)的方式来处理。作画者似乎对游戏很感兴趣，并且将大量的时间也都用在了游戏上，和姐姐之间的沟通也基本靠游戏。

弟弟看完姐姐的画之后，说："我姐画得很不错的，第一次和姐姐一起参加活动感觉很好。"姐姐也表示对活动的感受很好，能增进和弟弟的交流与沟通。可以看到，如果外在的环境能够给孩子提供良好的发展机会，孩子就能够进行思考，体验到和平时不一样的情感，也能收获较多的正能量，并且有所成长。姐姐若能在平时经常和弟弟进行沟通，与弟弟一起参加一些有益成长的活动，手足关系也会增进。

第三次图画工作坊：家人在一起做事

活动现场的观察

信任行

在设计盲人信任行的活动时，我其实有一些顾虑：我们的活动设计有一定难度系数，开始是孩子戴着眼罩，家长来带孩子走，然后换成家长戴着眼罩，由孩子带着家长走。我们的路线，包括下四层楼、穿行过校园、上四楼，中间还会绕障碍物穿行。家庭成员之间能否有很好的配合，孩子们在带家长走的时候，能不能顾及家长的安全？会不会发生一些安全隐患？在这个过程当中孩子们会不会打闹？

但是活动真的开始之后，我发现孩子们能够考虑到各个方面，最终还是非常安全地、而且是快速地把家长带回了教室里面。

通过这个活动，可以看到有一些家长和孩子都缺乏共感能力。当体验者自己不戴眼罩的时候，是无法体会到戴眼罩人的感受的。我观察到，当第一批人戴好眼罩之后，其他家庭成员并没有在第一时间里面牵着他们的手，或者给他们明确的一些支持和指令，告诉他们怎么走，而是自顾自地往前走。而那个戴着眼罩的人，非常茫然地、无措地去用手摸索着墙壁往前走。只顾自己的群体里有孩子，也有家长。好像整个群体都是缺乏共感能力的，无法体会到别人的感受。活动的设计中有一个交换角色的环节，不戴眼罩的人要戴上眼罩。只有等交换角色之后，他们才会感受到，原来蒙上眼睛是这么无助。

在分享时有一个家长说：“让我戴上眼罩听从孩子的指挥，我是非常不确定的，我也没有信心。但是轮到我去指挥别人怎么走的时候，我就挺高兴的，我也非常有信心，我相信我一定能指挥好他们，我能够非常安全地去带领他们。”可以看到，这个家长有非常深的不安全感，有非常焦虑的时候，对家人也会有不相信，对任何人都没有办法放心。

在这个过程当中，我观察到有一些孩子对家长的照顾，其实要比家长对他们的照顾更好一些，比如有一个孩子会出声地数着台阶，并且不断地提示，让妈妈的脚始终能够踩在台阶上。在活动结束之后进行总结时，有孩子骄傲地说：“我对学校很熟，所以我可以非常放心地走，我蒙着眼罩，都可以比父母走得快！”流露出信心、力量和掌控感、确信感。

但是孩子们在这个过程当中，也有做得不好的地方。在从上楼梯转换到绕障碍物穿行时，有孩子没有及时告诉家长这个转换，有一个家长一直用走楼梯的方式去走平地，抬高脚面，然后落下，结果就像踩高跷一样，摔在地上了。由于我们给出的指导语是说看哪一个家庭是最快、最安全地返回起点，导致有一些孩子急于求成，催着家长拼命地快跑。而家长呢，实际上并没有这样的安全感，不要说快跑了，连快走都不敢，孩子们特别着急，甚至有一个孩子对妈妈说：“来，我来背你，你走得太慢了！”妈妈当然没有让他背。在孩子的眼中，速度可能是最重要的。但是其他的方面，比如说我们强调的安全，他们可能就自动忽略了；比如说站在别人的角度考虑问题，让他们理解爸爸妈妈戴着眼罩时感受到的不安全感，对他们来说是有些难。

这个活动当中也反映出来有一些孩子在现实检测能力方面的缺陷。有一些孩子在蒙上眼罩之后还走得飞快，这说明他们对可能遇到的危险其实是有一种漠视的态度，他们没有办法评估自己的状况，没有办法预估可能遇到的危险，也没有办法提醒自己要谨慎等。他们好像没有这方面的意识。这也会增加他们在现实当中和别人相处的难度。

不过，当孩子们描述他们活动过程的感受的时候，我觉得他们情感的细腻程度其实一点都不低。比如说有的孩子说：“当我被蒙上眼睛之后，我很迷茫，我不知道这个世界为什么一下子突然变得这么黑暗，我完全没有方向。”还有的孩子说：“当我被蒙上眼睛以后，我感觉自己像在做梦一样，我完全没有方向，不知道会发生什么。”听到他们这些描述，我非常感动。从这些细腻而生动的描述来看，他们其实是非常敏感的，对环境的细微变化，他们其实是可以感受到的，但是有可能，他们没有机会去感受，没有被教育去表达这么细腻的感受。

当父母眼睛被蒙上的时候，其实是被动的跟随者、被帮助者，他们可能从开始的迷茫、不确定，到后来放心大胆地跟着孩子走，听从孩子的引导，这其实是非常大的一种变化。这不仅仅是游戏当中的一种感受，它也是一个隐喻和象征：孩子是值得信赖的、值得信任的，在某些时候，可以让孩子来引导我们，让孩子来告诉我们什么对他们是最好的，可以根据孩子指引的方向、节奏和力度去前进。这个活动增加了家长跟孩子之间的默契感，有一个家长就说到了心心相印这个词，确实是非常精妙的表达。

家庭共同作画活动

在第二个家庭作画的活动当中，我观察到以下现象：我刚刚说“现在开始画画”，孩子们就一拥而上，上来抢画材。其实所有的画纸、画笔都是足够的，但一瞬间这样的拥抢造成了物资的暂时短缺。我们准备了足够的刮画纸和彩纸，但刮画纸一瞬间就被抢光了。我再次请大家用多少拿多少，有一个孩子扔回来一张，真的是扔，不是放。有人来取，发现缺了刮画纸的刮笔。我也说清楚了，拿一张画纸就取一支笔，但就有人同时拿走了两支笔，完全没有顾及别人。那支刮画笔我们到小组当中去找回来了，但那一张刮画纸最终没有人拿，因为那张画纸已经被刮过了。有的孩子第一次接触刮画纸，很好奇，想要知道那个纸是什么样的，他们试的方式不是拿起来细细端详，或者去看我们放在边上的说明书，而是直接用指甲在那个画上去刮，而且刮在画纸的中间，还回来时就是一张已经被刮过的画纸，所以就没有人愿意用了，可以看到有些孩子的冲动性比较强。

然后在作画的过程当中，我观察到不同家庭的互动方式，有的家庭是家长拿着图画之后，自己直接画起来；有的家庭是家长跟孩子对着图画纸，大眼对小眼，什么都不说，或者扭头去看别人；有的家庭是孩子拿起画纸，完全不跟家长商量，自己画起来。有一个家庭是父母带了孩子，孩子从头到尾拿着画笔，不跟父母商量,也不作任何解释,自己一个劲儿在画,甚至把手机打开,调出里面的图,在那描,描得不满意,又擦掉,还是不满意,把画纸换了一个方向继续画。在这个过程当中,父母都围在他边上,眼巴巴地看着他,但他完全像没有看见一样,拒绝做任何交流。

我还观察到,有一个家庭是妈妈和儿子在一起,儿子一直不停地在画,妈妈盯得非常紧,恨不得都把眼睛贴到图画上面,非常严肃,不停地指责孩子,还用手指来指去:"这里怎么可以画成这样?! 那里怎么可以画成那样?!"然后孩子拿着橡皮,不断地在擦,那张纸都要被擦烂了。还有一个家庭爸爸带着儿子,爸爸跟儿子说:"你看我都画到这里了,你接下来画吧!"儿子退缩着说:"我不知道怎么画,还是你画吧!"又把画推回去。父亲一边埋怨孩子,一边接过去又继续画。

我还听到一个女孩一边画一边哀叹说:"好无聊啊! 好无聊啊!"我看了他们的画面,确实没有创意、挺无聊的感觉。我提示他们有更多的画材可以选,也可以尝试不同的方式,但女孩和家长看看周围人,对我摇摇头,继续哀叹无聊,似乎不愿意付出更多的努力去改变那种无聊的状态,而是宁可待在那种无聊的状态里面。

还有一些家庭是孩子跟家长轮流作画,相互商量着来,孩子画一点,家长画一点,互动得比较好。

对这个群体来说,在白纸上画人物是一件困难的事,不论是家长还是孩子,他们要么是没有能力构建人物形象,要么就缺乏创作的动力和激情。这既和他们内在没有稳定的自我和他人的图式有关,也和创造力、想象力贫乏有关。

小剧场活动

在小剧场环节,可以明显地看到这个群体的一些特点。第一,对新的事物,他们不敢马上尝试,有可能需要花比较多的时间、得到比较多的确认,才会将信将疑地试一试。我猜他们本身也缺乏足够的好奇心,对新的事物不是特别好奇。第二,他们缺乏丰富的想象力和身体感受性。对他们来说,用肢体语言,哪怕是非常简单的肢体动作去表达他们所画的内容也是一件非常困难的事情。

即使是我们做出示范，或者在他们准备时手把手地教，对有些人说，模仿也是有困难的，他们完全不知道如何下手。我也观察到，在准备阶段，有些人遇到了困难是不知道向别人求助的，也不知道可以运用外在资源，在不清楚规则时也不会主动寻求帮助，比如有一个家庭从头到尾不知道可以用我们提供的道具。而所有这些状况，也会反映在他们的现实生活中，给他们带来困难和障碍。

姑侄共同创作的“海滩度假图”

图 2.56 是由 1 号家庭的姑妈和孩子共同完成的。

画 2.56 中展现的是海滩度假的场景，其中姑妈进行了图画的构图设计，孩子完成了整幅画面的内容创作。画面整体效果很好，构图完整，并且内容丰富，有人、动物和树。画中的内容形象逼真，尤其是树，有枝有叶有果，处理得非常用心。树的右边是一个人躺在沙滩椅上，头顶有一把太阳伞，旁边的小圆桌上放有带吸管的饮料。远处有一家三口在遛狗散步，近处有海龟在海里游泳，画面和谐而美好。

图 2.56

同前两次活动相比，孩子进步巨大，绘画时更加认真投入。孩子说：“刮蜡画打开了自己的思维。”姑妈说：“刮蜡画让孩子创意多多，思路宽宽，让孩子的绘画技巧也得以展现，这种绘画形式适合孩子。孩子很仔细很有技巧地绘画。不同的绘画适合不同的人，这种方式很适合我们家的孩子，让他喜欢并投入。”刮画让孩子展现了潜在的绘画技巧，并且表达出了愉快的情绪。

以父亲为主完成的“晚餐图”

图 2.57 是由 2 号家庭的父亲和儿子共同完成的。

儿子先进行了图画的构图创作，但是由于父亲一直在旁边指导，让儿子不知所措，无从下手，最后画作的后半部分只得全部由父亲一个人完成。在描述画面内容时，父亲说：“房子很小，孩子没有活动场所，所以只能缩在房子的角落里玩电脑打游戏。环境有时压抑人的成长，情绪随风走，有种苦涩。”儿子说：“我们画的是我和父亲在一起吃着饭看电视，很开心”。

图 2.57 中用了短碎的线条，使得画面看上去很复杂，有些杂乱。画面中的

图 2.57

物品很多，并且相对于人物来说，占比都比较大，比如电视机、柜子和椅子等。整个画面呈现出一种上重下轻的压抑感，也透露出了父亲在生活中的沉重心态，以及儿子和父亲相处时的沉重心态：孩子在父亲的包办中没有机会成长，同时又会被父亲指责没有能力、没有进步。

指导语要求本次作画要家庭一起合作完成，但是这个家庭中的父子之间并没有很好地沟通和协作，使得画作基本由父亲一人完成。从本次作画的完成情况可以看出，在平时的生活中父亲不善于沟通表达，也很少给孩子机会让他去独立学习和生活。遇到类似的状况，父亲宁愿自己独自承担而非指导孩子慢慢成长。希望通过活动，可以帮助父亲学会控制自己，在以后的生活中多给孩子机会，让孩子能得到磨炼。孩子也在悄悄话中说："希望和父亲有轻松的活动娱乐机会，多互动散心。"

母子共同完成的"泳池图"

图 2.58 是由 4 号家庭的母亲和儿子共同完成的。

整幅画面内容丰富：左边有一棵树，中间是一个较大的游泳池，在树和游泳池之间有三个人物，天空中有白云、太阳和小鸟，画面下方有地平线。画中的人物都很开心。母亲参与了画作中树和云的创作，剩下的大部分画面都是由儿子创作的。

整个画面的布局比例较协调，人物的形象也比前两次画得丰满，不再是火柴人，具有了躯干。但是人物四肢比例不太协调，手指是尖形的，表现出了一定的攻击性。画中的人物都没有脖子，似乎在情感上缺乏联结。画面下方有一个没有起飞的风筝。画面左侧的树上有果实，树干上有螺旋状的花纹，显示着母亲有一些能量，但只是在回旋，不能传递营养，现实中没有起到真正的效果。画面中间的游泳池里有很多水，人的起始点是从水里开始的，水会带来归属和稳定感。画中下方的地平线也代表着稳定感。这两部分或许表明这个家庭需要

图 2.58

一定的支持与安稳。

母亲说："希望孩子能信任我。"可见平日生活里，孩子不太信任母亲。孩子也说："我和母亲没有悄悄话。"看来母子之间的联络通道是关闭的。对此我们不知道是什么原因，可以进一步关注。

母子共同完成的"九阳图"

图 2.59 是由 6 号家庭的母亲和儿子共同完成的。

这幅画展现的是家中草地的场景，图画的主题为"温馨之家"。母亲参与了画中草地的创作，其他的内容由儿子完成。画面的正中是一颗大大的爱心，左边有一个人在用弓箭瞄准这颗爱心。值得注意的是画面上方有 9 个太阳，9 个太阳发出的光和热相当强烈，会让人承受不了。整个图画内容和所想表现的主题之间出现了断层，似乎图画没有完成，说明母子之间没有进行良好的沟通和协商。母亲手写的"温馨之家"四个字表达了母子对家庭生活的美好期盼。

在活动中，母亲表示："今天很开心，有老师的陪伴，有两个多小时和儿子在

图 2.59

一起，平时没有这么多时间和儿子如此近距离地相处。”同时，母亲表示儿子今天能参与到这个活动里来，就已经是进步。

在活动中，儿子没有写任何文字，并且对于高难度的挑战没有兴趣和耐心，有抵触情绪。教育此类型的孩子会遇到很多挑战，需要在活动中设计精巧而细致的步骤，同时要有耐心，要在坚持中学会等待和陪伴。

各自作画的母女

图 2.60 是由 7 号家庭的母亲和女儿共同完成的。

母女二人在一张蓝色的纸上进行了绘画创作。母亲画了一只冒着热气绿色的茶杯，一个绿色的太阳和绿色的萝卜。女儿画了其余的部分。画面正中是三只蓝色的兔子，两大一小，小的在中间。画面上写着兔子们的对话：“三根萝卜，赚了。哈哈！”“又有吃的啦！”兔子的周围是红色和紫色的萝卜。兔子的左边是房屋，屋顶呈网状。画面下方有一个鱼塘，里面有三尾红色的鱼。画面的上方还有云和太阳。

图 2.60

母亲所画的内容和女儿所画的内容不太匹配，没有呼应，呈现在画面中略显怪异。而且母亲的用笔有些犹豫，似乎不太自信。在现实生活中，母女之间会出现不默契的状态，母亲有可能不能满足女儿成长的需要。兔子代表着作画者性格中的胆怯、善良、谨慎和焦虑。三只兔子之间有一定的距离，代表着他们可能需要这些距离，透露出女儿对父母有些许的否定情绪。萝卜代表着家庭成员彼此之间的联结，现实生活中，女儿的真实需求和父母所能给予的可能不匹配：父母的给予也许太多，也许太少，也许根本不是女儿需要的。

被认真画出的母亲

图 2.61 是由 9 号家庭的母亲和儿子共同完成的。

画面中展现的是母亲和儿子在外面遛狗散步的场景。母亲负责构图和花朵的描绘，儿子负责画面中其他的部分。画面正中是两个巨大的人物，右边代表母亲，左边代表儿子。左边人物的头被处理成彩色，略显幼稚化，有肥肥的胳膊，圆滚滚的头。右边的人物线条很流畅。画中两个人物之间有些距离，但方

图 2.61

向相同。儿子画的妈妈要比画的自己小，说明孩子在不断成长中逐渐超越母亲，希望母亲可以感知到这一点。

活动最后，母亲表述自己很开心有这样的活动可以使他们母子在一起互动，了解彼此，享受在一起的时光。母亲说：“孩子很认真地画母亲，这不单单是画画，还是儿子和母亲的配合，跟儿子在一起很开心。”不管图画画得怎样，妈妈从儿子画画的过程中感受到了爱，因为自己的形象被儿子认真地画出，这个过程表明了儿子对自己的重视和在意。如果有一双能发现爱的眼睛，那么艺术便可以承载无限的爱。

一家三口共同完成的“欢乐一家人”

图 2.62 是由 10 号家庭的一家三口共同完成的。

画面的主题为“欢乐一家人”。父亲进行了昆虫和太阳的描绘，儿子进行了房子和人物的描绘，母亲可能画了画中的树，也可能没有参与绘画。整幅图画视觉布局合理，展示出了融洽和谐的氛围：微笑的太阳，稳定的地平线，协调的

图 2.62

人物比例，明亮清爽的自然环境。画面的情绪是欢乐、愉快和幸福的。其中，父亲参与绘画的部分在画面上方，儿子参与绘画的部分在画面下方，母亲几乎没有参与。似乎儿子和父亲之间的互动较多，也更有默契。这是否暗示着母亲在家庭中没有发言权或地位？

父亲在活动中说："我们家是欢乐和谐的，彼此心心相印，彼此信任。感谢学校组织的活动，给到家人零距离地在一起的机会。"儿子说："我想对父亲说，在刚才的活动中，我们不但关系更融洽了，还更信任彼此。我十分感谢您。我想对母亲说，在刚才的活动中，我和您感情更深了，我爱您。希望我们在接下来的生活中更加开心、融洽。"这个家庭的儿子已经长大，有独立的思考力和情绪需求，并且具有很高的能量。希望父母能接收到儿子的这个信号，在以后的生活中多给儿子机会锻炼，帮助他成长。

让儿子骄傲的父子共同创作

图 2.63 是由 12 号家庭的父亲和儿子共同完成的。

图 2.63

这幅画展现的是父子二人在草地上看别人放风筝的场景。整幅画构图比较和谐，画纸为蓝色。父子俩人表述各自参与了一半的图画绘制，但看不出具体的分工，猜测草地和树是父亲创作的，因为用笔比较老练。画面中心有一个人在放风筝，右边站着父子两个人，左边有一棵树，树的左边有一个人在看书。画面的下半部是绿色的草地，天空中有小鸟和太阳。

画面中比较引人注目的部分是父子俩人作为旁观者看别人放风筝。父子二人以旁观者的身份出现在画面中，可以从一个侧面反应出现实中俩人一起做事情的机会并不多。但就这次的图画合作而言，两个人还比较默契。儿子在活动中有说："我画得真好看！"说明儿子对自己创作的画很满意，有一种自豪感，也反映出认真地完成一件事情会让儿子具有成就感。

在图画中被反观的"母子 QQ 交流图"

图 2.64 是由 13 号家庭的母亲和儿子共同完成的。

整幅画绘制在一张 8 开大纸上，内容是显示着 QQ 聊天对话框的电脑屏

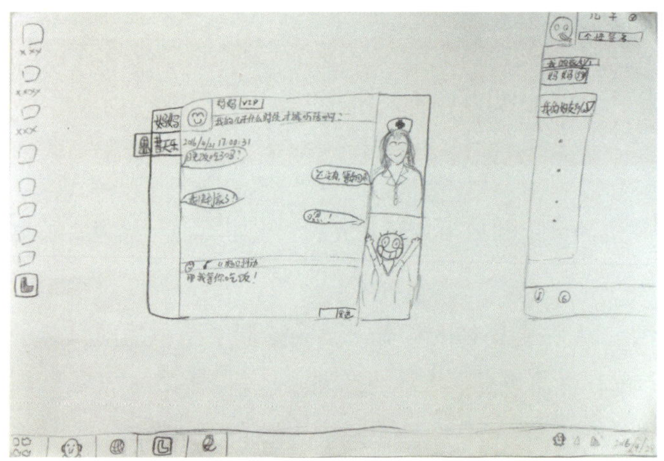

图 2.64

幕。母亲主要进行了构图的创作,儿子绘制了画面中电脑屏幕的部分。整幅画给人的感觉是简单而抽象的。在画面右上角的 QQ 页面上,显示着儿子有一百多位好友,说明他对外的联络很多。

这张图画揭示出很多内容:一是母子之间真正的沟通并不多,所以被选择的画面是通过 QQ 来完成的沟通;二是从对话框的内容来看,母子之间的联络更多是关于日常生活方面的;三是从构图和用色来看,母子两个人都属于想象力比较缺乏的人,情感表达也比较苍白。

在活动中,母亲说:“希望和儿子有更多面对面的交流机会,不仅仅是通过电脑屏幕。”“通过三次的活动,母亲看到你越来越快乐,和母亲的交流也多了。”儿子的表述则是:“用这个电脑屏幕缩短了我和母亲之间的距离。很不错。”母亲通过活动的感染和熏陶,有了很多的感悟并且成长了很多。儿子也在一些微小的细节方面悄然发生着改变。

姐弟共同完成的"上台阶图"

图2.65是由15号家庭的大姐和弟弟共同完成的。大姐22岁,代表家长第一次来参加活动。

图画中展现的是姐弟二人在走楼梯的场景。弟弟绘制了图中的两只兔子以及一些符号,大姐参与了楼梯以及其他大部分的图画绘制。整幅画面比较和谐,长长的阶梯一步一步向上延伸,一个人已经走到了画面右边的平台上,另一个人走到了第四级台阶。画面的上部有云、太阳和鸟,下部有两只兔子和一些像"米"的符号。画中人物是火柴人,基本没有表情,代表着他们不太会很好地敞开心扉彼此沟通和表达情绪。

从图画整体上来看,姐弟二人的沟通是有效的,合作也是愉快的。大姐解释说画中人物的情绪是开心和纠结。对应阶梯的部分,她说:"只有脚踏实地地一步一步往前走,才能见到前方美好的事物。"从大姐的话语以及她参与了图画大部分的绘制,可以猜测大姐具有很强的执行力以及在家中的权威指导地位。这可能会导致大姐过度承担本应属于弟弟的责任。现实中的弟弟可能在大姐

图2.65

的庇护下只做一些自己喜欢的事情,大姐对弟弟过度的宠爱会让弟弟失去一定的积极性。

父子共同完成的"动物家庭图"

16 号家庭是第一次参加活动,这幅刮画(图 2.66)是由父亲和儿子共同完成的。父亲 40 多岁,儿子 15 岁,上初中二年级,是家里的独子。

图 2.66 的主要特点是用猫头代表家庭成员,每只猫的表情不同,体现出不同家庭成员的特点。父子共同参与了这四只猫的绘制,儿子还在周围描绘了花朵。这幅画中占比最大的是核心部位的一只大的猫脸,代表奶奶,比其他三只都大。父亲在右边,妈妈在左边,最下面是儿子。其中,代表母亲的猫嘴是平的,其他的猫都是嘴角上扬,是微笑的表情。

从这幅画的结构中可以看出,奶奶是这个家庭的核心,非常权威,其他的家庭成员必须服从奶奶。成员关系中,父亲夹在奶奶和母亲之间,但偏向奶奶,因为奶奶处于画面的正中间,占的面积最大,是家庭当中占面积最大的人,爸爸对

图 2.66

奶奶会有更多的服从。儿子夹在父母之间,从后面微剧的表演来看,更偏向父亲。这个家庭的位序是有一些问题的,在家庭中,父母关系应该占首位,接着是亲子关系。这个家庭的位序显示出母亲在这个家庭中的地位不高,可能在现实生活中有家庭矛盾。父亲在活动中说:“母亲对孩子总是不满意。”并在家庭微剧表演中模仿了母亲对孩子的严厉和指责,借着表演宣泄了自己对妻子的不满情绪。

父亲最后在活动中说:“感谢学校有这三次的亲子活动,孩子和我活动得很开心,父子之间的距离更近了,更融洽了。”儿子则说:“这次活动让我懂得了许多道理,如默契、信任。总而言之,我懂得了很多。”通过活动,父子两人都有了收获,有了体悟。

“船撞冰山图”

17 号家庭是第一次参加活动,参加的成员有母亲、儿子和大伯。母亲 40 多岁,儿子 13 岁,是家中的独子。

这个家庭的图画(图 2.67)是在一张 8 开的画纸上用水彩笔绘制的,画中展现的是船撞冰山的场景。母亲对图画进行了构图,儿子画了船和海水。画面中船占了画纸的核心部分,但船体并没有完全呈现。船的周围是海水,右下方是冰山,船好像已经撞上了冰山。船撞冰山的场景是非常沉重的,具有破坏性、伤痛性、悲剧性。这样的构图有深刻的寓意,表明儿子的内在有很多感受和情绪要表达出来,并且有一些情绪让他很不安或无力承受。但同时,这些不安的情绪又被压抑着,无法释放,使孩子在性格上产生了一种疏离感。

这个家庭的小剧场表演内容也是船撞冰山,孩子扮演的是冰山,大伯扮演的是船,孩子撞向大伯,代表船撞上了冰山。在整个活动过程中,孩子没有表情,嘴角下弯,目光也不与其他人接触。图画上有他的名字,却不是他自己写的,是母亲帮他写的。孩子呈现出一副心事重重的样子,可能现实生活中孩子

图 2.67

经历了一些巨大的变故。从画作中呈现出的家庭动力来看，这个家庭似乎很期盼未来的家庭辅导。

对图画和活动的总结

从图画中可以看到这些孩子和父母在有些方面存在共同点。

缺乏表达情绪的能力和共感能力

第一点是缺乏表达情绪的能力和共感能力。在情绪和情感的部分，很难体会到自己和他人的感受。有很多具体的表现。

一是他们无法说出自己的情绪和感受，有一个女生在三次工作坊期间，从头到尾，对她所有的情绪都只用三个词形容，两个字的是“很好”，三个字的是“还可以”，有时候用五个字“好像还可以”，她用这三个词概括对所有的事情的情绪和感受，没有使用任何其他的词。一些成人也是如此，一说到情绪就只会用两个字“开心”，不会用任何其他词。这些人没有办法对他们所感受到的情绪给出一个具体的，与他们的情绪是一致、匹配的，精准、精微的名称。在区分情绪的细腻程度上，他们有很大问题。

二是他们感受不到自己的情绪，也感受不到别人的情绪，因此他们的共感能力就比较差，与他们对话很困难。

三是有些人使用了情感隔离的策略，在自己与情绪之间加了一堵墙，因此表现出冷漠和淡漠。

四是他们会用行动代替感受和情绪。当语言不能表达情绪时，情绪依然存在，这种情况下，他们会把情绪转化为冲动的行动。这会使他们在人际交往当中遇到非常多的困难，因为他们没有办法向别人说清楚自己的情绪感受，也没有办法让别人明白他们，更难体会到别人的情绪感受。别人能够看到的是他们的淡漠、冲动行为，并不清楚这些是由于他们缺乏感受情绪、表达情绪和与他人共感的能力。

缺乏倾听能力

第二点是缺乏倾听能力。具体表现为有的时候是缺乏倾听的意识，不知道倾听别人是一件重要的事情；有时候是缺乏倾听的能力，听不懂别人在说什么，即使听到了别人说的话，也不能理解别人表达的意思是什么，重点讲了什么。

这个观察与人物画像中的特征一致：人物画像中耳朵缺失的例子非常多，耳朵缺失表明倾听别人有困难，或者对批评非常敏感。对批评极度敏感的人，不论别人说什么，他们听到的都有可能是对自己的批评，一旦被评判，马上就会产生防御心理和戒备。

冲动性表达和冲动的行为

第三点是冲动性表达和冲动的行为，就是随时随地把自己想到的东西直接说出来，无法有任何的延迟，无法把这些话先放在自己心里，在合适的时候再表达出来。有些人完全不知道在什么时候应该保持安静，对于他们来说，不经过大脑、不经过任何思考，想到什么马上就说出来，是一件非常自然的事情。不论是在家长中还是在孩子中，都存在这样的人。他们无法安静地倾听别人，说出来的话可能不是特别恰当，或者时机不是很恰当，或者对象不是很恰当，或者场合不是很恰当，会伤害到别人。他们自己没有办法成为容器，承载自己的话语，一定要说出来。

这种缺乏涵养和承载的表现也使得个体缺乏专注力，很容易分神，忍不住要跟别人交头接耳说话。安静成为一件奢侈的事情。很多人没有办法安静地完成一项任务，即使是非常简单的任务。他们缺乏温尼科特所说的“独处的能力”。

没有清晰的自我意识

第四点是没有清晰的自我意识。不论是家长还是孩子，他们画人的时候，都不能很好地构建人物，这一部分其实和画画的功力关系不大，而和他们内在的图式有关。这反映出他们没有清晰的自我意识，对自我概念的部分，还没有建构成熟和完整。

缺乏清晰的自我意识在图画中的具体表现是：一是人物画上的变形或不平衡。比如说四肢跟身体的比例，头部跟身体的比例，或者手脚之间的比例等等。这其实反映出来的是他们自我内在的失衡，缺乏一种平衡的、完整的、和谐运作的机制。

二是空眼人的比例比较高。空眼人的特点就是对环境漠不关心，在任何情景下都是我行我素，不在意别人对自己的反应，以自我为中心。

初中生的自我意识还处于发展过程当中，本身不够清晰，是可以理解的。但是对于家长来说，如果他们都没有稳定的、清晰的自我意识，他们跟孩子相处时，就没有办法给孩子提供一个足够好的基地，也没有办法很稳定、很安心地持续存在，更无法形成合理而稳定的教养风格，并且给孩子们树立榜样。

参与者的进步

工作坊在设计时有三个目标：一是通过图画让孩子看到家长眼中的自己、让家长看到孩子眼中的自己，增强家长和孩子彼此间的现实检测能力；二是通过图画展开的对话，增进孩子和家长相互之间的了解；三是通过图画、对话、反省和行动演出，促进健康、有效的沟通方式的萌生。这三个目标在工作坊中都得到了实现，但每个家庭、每个家庭成员的收获可能不一样。

通过表达性艺术治疗的方式，参与者在活动中相互配合，看到了彼此不一样的形象和行为，了解了对方更多的想法，表达了自己的感受，欣赏了那些表达出来的爱。

另外，在现场我们观察到家长和孩子还有以下进步：开始学习倾听，开始学会安静，开始学习在团体活动中尊重他人，愿意更投入地完成一项活动，更有耐心，现实检测能力有所增强，更有时间规则感，在群体中注意到了别人有不一样的处理问题的方式。

短短三次的工作坊结束了，但通过这些图画所凝固的时空，可以让我们看到当时发生了什么，也可以看到在短短三周里面参与者发生的变化。

短短三次的工作坊结束了，但参与者曾经体验过的那些鲜活的美好、闪现过的爱的火花，将会继续在这些家长和孩子的心中存在，并且还会继续得到深化。

后记

尽管本书已经写完，但我仍觉得意犹未尽，还有一些不确定自己是否已经把所有重要的信息都在书里讲清楚了。

读过《心理画外音》的读者会发现：我在这本书里没有那么强调对图画本身的分析，而是用更多的笔墨关注作画者本人的解读，关注作画者透过图画获得的成长性信息。这是我在图画心理学道路上行走20年的变化。在刚刚接触图画心理的最初阶段，我特别信奉图画分析的力量，所以会关注对图画总体和细节的解读，对画面的大小、位置、笔触、力度以及图画的内容进行分析。而在经过20年在图画心理专业领域的学习、实践和研究后，在看过无数张图画、与无数来访者和图画工作坊的参与者深度沟通交流之后，我更加看重的是图画能够带给人的成长。在图画心理的道路上走得越远，我越有敬畏之心，我觉得每一幅画里面都蕴含了千言万语。对作画者而言，是独一无二的，对我而言，也是独一无二的，我的解读应该服从于作画者本人的需要。我需要做的是确定一个基本点：从成长的角度解读图画，为了作画者的利益解读图画，而不是为了我的需要解读图画。因为我发现：即使对图画分析得再细致、深入和透彻，根本性的意义还是它对于作画者有触动和启发，成为作画者改变的起点。而要促成改变，有时和专业性的解读关系并不是很大。即使作画者不会对图画作任何心理学的分析，也一样可以从图画当中获得成长的线索和领悟。头脑不知道的，心灵知道。心灵不知道的，手知道。通过手画出的图画会告诉人们答案。

我之所以知道这一点，是因为我见证了来访者、图画工作坊参与者的个人成长。我非常感谢他们。在各种场合，我都会得到一些反馈。可能我已经忘记他们的名字，忘记他们的脸孔，但当他们说到"我曾经画过一幅怎样的图画"，我的记忆马上变得鲜活起来。他们会告诉我，围绕图画，他们后来有怎样的领悟，图画带给了他们哪些解读自己生命的线索，他们后来怎样热爱上图画心理技术。通过很多这样的反馈，我越来越坚信：图画完全可以，也应该成为人们成长的资源。

第一点，图画被创作的过程就是人们潜意识工作的过程，图画蕴含着潜意识想要传递的信息。图画被创作出来之后就成为了可以被人们观看、反思的客体。在观看和反思的过程中，人们就有可能捕捉到图画中蕴含的现实难题的答案。

第二点，图画里蕴含了非常多的象征含义，因为当人们足够真实、开放和勇敢时，就会捕捉到这些线索和信息。每一幅图画都具有很多层的象征含义，不论怎样解读，其实都不可能把所有的可能性全部解读出来，更何况也没有这个必要，所以图画的解读可以一层一层地做。

第三点，图画里蕴含了人们改变的资源。在刚刚踏进图画心理的世界时，我在分析图画的过程当中，关注到的负面信息会更多。而随着咨询经验的增长，随着我对图画有新的理解，我觉得仅仅停留在分析图画的层面，是远远不够的。图画应该成为推进人们改变的力量，所以解读本身就不那么重要了，重要的是人们怎么从图画当中汲取所需要的能量，得到自己要发展的信息、线索和力量。在这本书中，当我看图画的时候，我花了更多的时间理解作画者本人的解读，力图还原作画者的内在世界，在这个基础上寻找作画者成长的资源。

希望你也有机会体验“心灵不知道，手知道”的美妙和神奇。

参考文献

Edwards, A. (1976). Art therapy and art education: Towards a reconciliation. Studies in Art Education, 17 (2), 63 - 66.

Feldman, D. H. (1980) Beyond universal in cognitive development. Norwood, NJ: Ablex.

Irwin, E. C. (1984). The role of the arts in mental health. *Design for Arts in Education*, 86(1), 43 - 47.

Kellogg, R. (1969). *Analyzing Children's Art*. Palo Alto, CA: Mayfield.

Lowenfeld, V., Brittain, W. L. (1987) *Creative and mental growth*. New York: MacMillan.

Stewart, G. (1984). The draw a story game: An aid on understanding and working with children. *The Arts in Psychotherapy*, 11, 187 - 196.

Wadeson, H. (1980). *Art psychotherapy*. NY: John Wiley & Sons.

Burns, R. C著,梁汉华、黄璨瑛译.(2000).心理投射技巧分析.台北:扬智出版社.

Ganim, B., Fox, S.著,谭晨译.(2009).涂鸦日记.北京:中国轻工业出版社.

Golomb,C.著,李甦译.(2008).儿童绘画心理学.北京:中国轻工业出版社.

吉沅洪.(2011).树木人格投射测试.重庆:重庆出版社.

陆雅青.(2013).艺术治疗——绘画诠释:从美术进入孩子的心灵世界.重庆:重庆大学出版社.

Malchiodi, C. A.著,李甦、李晓庆译.(2005).儿童绘画与心理治疗.北京:中国轻工业出版社.

Moschini, L. B.著,陈侃译.(2012).绘画心理治疗——对困难来访者的艺术治疗.北京:中国轻工业出版社.

Oster, G. D., Gould, P. 著,何伦等译.(2013).绘画心理评估与治疗(第二版).南京:东南大学出版社.

Oster, G. D., Gould, P. 著,吕俊宏、刘静女译.(2002).绘画评估与治疗:心理卫生专业人员指南.台北:心理出版社.

Robins, A. 著,孟沛欣译.(2006).作为治疗师的艺术家——艺术治疗的理论与应用.北京:世界图书出版公司.

严文华.(2009).我手画我心.北京:中国轻工业出版社.

严文华.(2011).心理画外音(修订版).上海:上海锦绣文章出版社.

严文华.(2013).心理魔法壶.北京:中国华侨出版社.

图书在版编目(CIP)数据

透过心理图画看中学生/严文华著. —上海：华东师范大学出版社，2019
ISBN 978-7-5675-8735-9

Ⅰ.①透… Ⅱ.①严… Ⅲ.①中学生-心理健康-健康教育-研究 Ⅳ.①G444

中国版本图书馆 CIP 数据核字(2019)第 046665 号

透过心理图画看中学生

著　　者　严文华
策划编辑　彭呈军
审读编辑　张艺捷
责任校对　郭　琳
装帧设计　卢晓红

出版发行　华东师范大学出版社
社　　址　上海市中山北路 3663 号　邮编 200062
网　　址　www.ecnupress.com.cn
电　　话　021-60821666　行政传真 021-62572105
客服电话　021-62865537　门市(邮购)电话 021-62869887
地　　址　上海市中山北路 3663 号华东师范大学校内先锋路口
网　　店　http://hdsdcbs.tmall.com

印 刷 者　上海昌鑫龙印务有限公司
开　　本　787×1092　16 开
印　　张　15.25
字　　数　221 千字
版　　次　2019 年 5 月第 1 版
印　　次　2019 年 5 月第 1 次
书　　号　ISBN 978-7-5675-8735-9/B·1164
定　　价　58.00 元

出 版 人　王　焰